© 2022 por Hernandes Dias Lopes

1ª edição: maio de 2022

REVISÃO
Nilda Nunes (copidesque)
Ana Maria Mendes (provas)

PROJETO GRÁFICO
Wesley Mendonça

DIAGRAMAÇÃO
Letras Reformadas

CAPA
Julio Carvalho

EDITOR
Aldo Menezes

COORDENADOR DE PRODUÇÃO
Mauro Terrengui

IMPRESSÃO E ACABAMENTO
Imprensa da Fé

As opiniões, as interpretações e os conceitos emitidos nesta obra são de responsabilidade do autor e não refletem necessariamente o ponto de vista da Hagnos.

Todos os direitos desta edição reservados à
EDITORA HAGNOS LTDA.
Av. Jacinto Júlio, 27
04815-160 — São Paulo, SP
Tel.: (11) 5668-5668

E-mail: hagnos@hagnos.com.br
Home page: www.hagnos.com.br

Editora associada à:

Dados Internacionais de Catalogação na Publicação (CIP)
Angélica Ilacqua CRB-8/7057

Lopes, Hernandes Dias

Minha história vai impactar a sua: a trajetória, a mensagem e a vida de 10 personagens bíblicos contadas por eles mesmos / Hernandes Dias Lopes. — São Paulo: Hagnos, 2022.

ISBN 978-85-7742-338-5

1. Histórias bíblicas   I. Título

22-1474   CDD-220.9505

Índices para catálogo sistemático:
1.Histórias bíblicas

Dedicatória

Dedico este livro ao querido amigo e irmão José Fontes Júnior, à sua esposa Vania e a seus filhos Vitória, João Pedro e Davi. Eles são vasos de honra nas mãos do Senhor, parceiros de nosso ministério e encorajadores dos santos.

Sumário

Prefácio 7

1. Eu sou Adão 9
2. Eu sou Abraão 23
3. Eu sou Sansão 47
4. Eu sou Ana 67
5. Eu sou Jabez 79
6. Eu sou Jó 91
7. Eu sou Neemias 113
8. Eu sou Maria 135
9. Eu sou Timóteo 157
10. Eu sou Judas Iscariotes 177

Prefácio

Este livro é diferente dos mais de 150 outros livros que escrevi. Diferente não no conteúdo, mas no estilo. Este é o segundo livro que escrevo falando sobre personagens importantes da História, colocando-me debaixo da pele do biografado. Assim como no livro *Minha história vai mudar a sua* (São Paulo: Hagnos, 2021), conto a história deles como se eles próprios estivessem narrando suas lutas, suas dores, suas conquistas e suas vitórias.

Desta feita, falaremos a respeito de Adão, Abraão, Sansão, Ana, Jabez, Jó, Neemias, Maria, Timóteo e Judas Iscariotes. Estou empolgado com esta obra e espero que seu coração seja aquecido por essas histórias. Meu ardente desejo é que elas mudem sua história, lançando luz em seu caminho e ajudando você na caminhada rumo à glória.

Ao lermos a história de uma pessoa, aprendemos, em poucas horas, o que ela levou anos e anos para aprender. Podemos aprender com os erros e com os acertos. Podemos evitar tragédias e colocar os pés na estrada no sucesso. Podemos fugir dos caminhos escorregadios e alçar voos altaneiros rumo à intimidade com Deus.

Leia cada história com o coração aberto, rogando ao Espírito Santo que ilumine sua mente e aqueça seu coração. Não se trata apenas de meras biografias. Esta obra trata do agir de Deus na vida de pessoas que marcaram o seu tempo e foram protagonistas das grandes intervenções divinas na história da humanidade.

Sem mais delongas, vamos fazer juntos essa viagem de muitas e lindas aventuras! Venha comigo!

1 EU SOU ADÃO

Eu sou o primeiro homem da história. Não tive pai nem mãe. Não tive sogra nem cunhados. Não tive infância nem juventude. Não frequentei nenhuma escola. Fui criado adulto e maduro. Ontem eu era apenas barro, hoje sou homem, e homem criado por Deus, à imagem e semelhança dele.

Deus criou, no princípio, os céus e a terra. Em seis dias, tudo foi criado, e criado sem matéria preexistente. Séculos chegaram e se foram, milênios surgiram e desapareceram, mas ninguém jamais conseguiu alcançar toda a vastidão do universo criado por Deus. Dizem os entendidos que o universo tem mais de noventa e três bilhões de anos-luz de diâmetro. Falam os especialistas que há mais estrelas no firmamento do que todos os grãos de areia de todas as praias e desertos da Terra.

A despeito da vastidão colossal trazida à existência pelo poder da palavra do Criador, eu sou a obra-prima da criação divina. Fui formado do pó da terra. Deus fez um boneco de barro, soprou o fôlego da vida em suas narinas, e eu passei a ser alma vivente. Preciso admitir que meu corpo era perfeito, esculpido pelas mãos do divino artífice. Fui criado perfeito e nenhum defeito havia em mim. Recebi uma inteligência fabulosa. Deus me colocou num belíssimo jardim, que ele mesmo plantou para ser o meu doce lar. As árvores frondosas e frutíferas enchiam aquele jardim de vida, cores e perfumes. As flores multicoloridas, com suas pétalas aveludadas, deixavam aquele espaço idílico coberto de beleza indescritível. As árvores frutíferas, com seus frutos saborosos e seu cheiro inebriante, me deixavam em êxtase. Os rios Tigre e Eufrates regavam aquele paraíso com suas águas cristalinas.

Recebi de Deus a incumbência de dar nome a todos os animais e ainda governar sobre as aves do céu, os peixes do mar e os animais da Terra. Foi uma tarefa fabulosa e magistral. Porém, após esse trabalho magnífico, não encontrei nenhum animal que pudesse corresponder comigo física, emocional e espiritualmente; ninguém que pudesse olhar nos meus olhos e estar ao meu lado para compartilhar minhas alegrias.

Então, Deus me disse, com todas as letras, que não era bom que eu estivesse só e me fez uma linda promessa. Ele faria para mim uma auxiliadora que pudesse olhar nos meus olhos e ser minha coigual. Ela seria minha cooperadora e estaria ao meu lado. Quando me dei conta, já estava dormindo um sono anestésico, e Deus tirou uma de minhas costelas e fez-me uma linda mulher. Ah, quão bela era ela! Era uma Miss Universo! Quando acordei e vi aquele monumento de beleza singular diante dos meus olhos, prorrompi extasiado com brados de alegria e proclamei com todas as forças de minha alma: "Esta sim, afinal, é carne da minha carne e osso dos meus ossos, por isso chamar-se-á varoa, porque do varão foi tomada".

Deus não tirou a minha mulher da minha cabeça para me dominar nem dos meus pés para que eu a subjugasse. Tirou-a da minha costela para estar ao meu lado, debaixo do meu braço, para eu ampará-la, e bem pertinho do meu coração, para ela ser o centro dos meus afetos.

Como nós éramos felizes! Deus ordenou que trabalhássemos, lavrando e cultivando o jardim, e ainda que dominássemos sobre a criação. O trabalho era deleitoso. Nenhum cansaço castigava nosso corpo. Deus nos deu liberdade de comer de toda árvore que estava no jardim. Éramos livres e tínhamos toda provisão para o nosso maior deleite e prazer. Para proteger-nos, Deus pôs-nos uma restrição radical. Da árvore da ciência do bem e do mal não poderíamos comer, porque se desobedecêssemos à ordem divina e dela comêssemos, certamente morreríamos.

Os anos se passaram e vivíamos naquele jardim engrinaldado de flores, de arvoredo frondoso, com suas cabeleiras esvoaçando pelo soprar do vento. A relva verde e farfalhante era untada por uma brisa que subia da terra. Os pássaros gorjeavam, espalhando seu canto melódico pelo jardim e as borboletas enchiam o ambiente de coloridos diversos. Tudo era belo. Tudo era perfeito. Nenhuma nesga de tristeza jamais ocupou nosso coração. O próprio Deus descia na viração da tarde para falar conosco. Tínhamos plena comunhão com ele. Ele era nosso deleite, o nosso maior prazer. Ah, minha mulher e eu andávamos nus e nem tínhamos vergonha um do outro. Havia total transparência. Nada a esconder. Nada a ocultar um do outro. Vivíamos sempre juntos. Tínhamos sido criados pelo Deus perfeito, colocados num lugar perfeito e tínhamos perfeita comunhão com ele. O que mais podíamos desejar?

Ah, num tempo que eu não posso precisar quando, depois da criação perfeita de Deus, houve uma rebelião no céu e um anjo de luz, um querubim da guarda, alimentou no seu coração o desejo de ser igual a Deus e colocar seu trono acima dos outros anjos. O orgulho subiu à sua cabeça e ele não se contentou em ser uma criatura perfeita e a mais bela. Então, ele e seus asseclas foram expulsos do céu e se transformaram em demônios, corrompidos, mentirosos e assassinos.

Certo dia, minha mulher e eu estávamos passeando pelo jardim, perto da árvore que Deus nos ordenara não comer, e eis que de repente, uma serpente, a mais sagaz das criaturas, incorporação do próprio Satanás, fez à minha mulher uma pergunta intrigante: "É assim que Deus disse: Não comereis de toda árvore do jardim?". Minha mulher não se apercebeu de que a serpente havia colocado um "não" onde Deus havia dito um "sim". Por trás da serpente, estava Satanás, para tentar minha mulher e nos levar à queda.

Em vez de encerrar a conversa, minha mulher deu espaço para o fatídico diálogo prosseguir. Ela respondeu: "Do fruto das árvores do jardim podemos comer, mas do fruto da árvore que está no meio do jardim, disse Deus: Dele não comereis, nem tocareis nele, para que não morrais" e acabou suprimindo parte do que Deus dissera e acrescentando à resposta o que Deus não havia dito. Assim, ela torceu a Palavra de Deus, dando oportunidade à serpente para continuar em sua maligna empreitada de enganá-la.

A serpente, que começou a conversa tão sutil, lançando dúvidas sobre a Palavra de Deus, respondeu com todas as letras que Deus não merecia confiança. Ela foi incisiva: "É certo que não morrereis". Aquela resposta foi um desafio a Deus e uma negação aberta à sua Palavra. A serpente disse à minha mulher que

Deus não precisava ser levado a sério em suas ordenanças. Ela não apenas negou a Palavra de Deus, mas também, justificou sua blasfema afirmação: "Porque Deus sabe que no dia em que dele comeres se vos abrirão os olhos e, como Deus, sereis conhecedores do bem e do mal".

A serpente colocou Deus como um carrasco e nós como injustiçados. Ela estava dizendo que merecíamos muito mais e havíamos sido enclausurados naquele pequeno e indigno jardim. Podíamos alçar voos rumo ao infinito. Podíamos ser como Deus. Naquele momento, ser a obra-prima e o rei da criação já não satisfazia mais o meu coração e o coração de minha mulher. Nós queríamos ser iguais a Deus. Ontem barro, hoje a coroa da criação, mas, naquele momento, nos julgávamos ser merecedores do trono. Nada menos do que ser semelhante ao Altíssimo podia nos contentar.

Minha mulher passou a ver a proposta da serpente como algo muito vantajoso. A árvore proibida parecia boa para se comer, agradável aos olhos e desejável para dar entendimento. Sem pestanejar, minha mulher tomou o fruto e comeu; ela o ofereceu a mim e eu também o comi. Preciso admitir que minha mulher comeu enganada, mas eu não. Minha situação era mais grave. Eu pequei conscientemente. Eu era o cabeça da raça e o líder do meu lar. Falhei em não liderar minha mulher. Falhei em não a proteger. Por isso, fui considerado o homem por meio de quem o pecado entrou no mundo. Oh, que tragédia! Oh, que decisão desastrada! Quando nossos olhos foram abertos, descobrimos que o pecado havia nos afastado de Deus, a fonte da vida. A morte entrou em nossa história. Perdemos a alegria da comunhão com Deus. Joguei toda a raça humana num estado de depravação e miséria.

Nossa desobediência a Deus trouxe terríveis consequências para nós e nossa descendência. Fomos afastados de Deus, fonte de nossa maior alegria. Nosso relacionamento foi quebrado por constrangimento e acusações. Quando nos apercebemos de que estávamos nus, ficamos com vergonha um do outro e tentamos remediar a situação fazendo roupas improvisadas de folhas de figueira. Dentro do nosso próprio coração havia o chicote da culpa atormentando-nos sem cessar. A própria natureza tornou-se hostil a nós. A partir desse momento, em escalada cada vez maior, o mundo foi se transformando num ambiente hostil de dor, ódio, violência e crueldade.

O Senhor Deus não desistiu de nós e veio ao nosso encalço. A presença de Deus, agora, não era mais o nosso prazer, mas um tormento para nós. Ficamos com medo de dele e tentamos nos esconder atrás das árvores do jardim. Oh, quão tolos nos tornamos ao tentar esconder-nos daquele que tudo vê e a todos sonda! Então, o Senhor Deus me chamou e me perguntou: "Adão, onde estás?". Fiquei atordoado com aquela pergunta. Tentei buscar uma rota de fuga e formulei uma resposta de escape: "Ouvi a tua voz no jardim, e, porque estava nu, tive medo, e me escondi". Eu estava mentindo. Eu tive medo não porque estava nu, mas porque havia desobedecido à ordem expressa de Deus.

A mentira tem pernas curtas. Minha justificativa era totalmente descabida. Por isso, o Senhor, longe de contentar-se com minha tola resposta, em busca de fugir da realidade, arrancou minha máscara e perguntou-me: "Quem te fez saber que estavas nu? Comeste da árvore de que te ordenei que não comesses?". Eu estava encurralado, num beco sem saída. Não havia justificava para minha loucura. Deus me deu tantos privilégios e eu fui negligente, desobediente e rebelde. Mas, tentei mais uma vez escapar das consequências de minha rebelião, e joguei toda culpa sobre minha mulher. Disse a Deus: "A mulher que me deste por esposa, ela me deu da árvore, e eu comi". Em minha loucura, eu estava, ao mesmo tempo, jogando sobre minha mulher a culpa do meu fracasso e ainda atribuindo a Deus a responsabilidade daquela tragédia. Então, o Senhor Deus disse à mulher: "Que é isso que fizeste?". Ela, tendo aprendido a lição da mentira comigo e na tentativa de fugir da realidade, projetou e transferiu a responsabilidade da nossa queda para a sagacidade da serpente, dizendo: "A serpente me enganou, e eu comi". Na verdade, nosso pecado foi uma rebelião contra Deus. Uma desobediência indesculpável. Nossa queda foi tão horrenda, que aquele jardim de delícias foi transformado num deserto de intrigas e acusações. Em vez de subirmos às alturas excelsas da divindade, caímos no poço da rebelião e da depravação total. A serpente fez promessas mentirosas e nós caímos na sua lábia.

Deus amaldiçoou a serpente e sentenciou-a a rastejar sobre o seu ventre e a comer pó todos os dias de sua vida. Ele ainda pôs inimizade entre a descendência da serpente e o descendente da mulher. A serpente feriria o seu calcanhar, mas o descendente da mulher esmagaria a cabeça da serpente. É claro que o Senhor Deus estava ali, no palco da nossa transgressão, fazendo a promessa do Redentor, abrindo-nos a porta da esperança.

Nosso pecado, porém, não ficou sem graves consequências: A mulher teria os sofrimentos da gravidez sobremodo multiplicados e daria à luz com dores e, ainda, teria de sujeitar seu desejo a seu marido e ser governada por ele. Pelo fato de eu ter sido omisso e seguido a cabeça da minha mulher, em vez de orientá-la e protegê-la, Deus amaldiçoou a terra por minha causa. Agora, com fadiga, eu deveria obter dela o meu sustento durante todos os dias da minha vida. A terra benfazeja, por minha causa, produziria cardos e abrolhos. E eu deveria comer o meu pão com o suor do meu rosto, até descer à sepultura e virar pó. Esse foi o pesado veredito de Deus: "Porque tu és pó e ao pó tornarás".

Em virtude da promessa de Deus de suscitar um descendente da mulher que esmagaria a cabeça da serpente, eu a chamei de Eva, a mãe de todos os seres humanos. A partir dali nós alimentamos essa esperança de redenção. O Senhor Deus, apontando para o dia do cumprimento dessa promessa, fez para nós vestimenta de peles e nos vestiu, ensinando-nos desde aquele momento que sem derramamento de sangue não há remissão de pecados. Depois disso, o Senhor nos lançou fora do jardim do Éden para começar nossa saga de lavrar a terra e tirar dela, com o suor do nosso rosto, o nosso pão. Tendo nós sido expulsos do paraíso, Deus colocou querubins com espada desembainhada, para proteger o caminho da árvore da vida.

Expulsos do jardim, eu coabitei, ou seja, tive relações, com Eva e ela engravidou. Uma réstia de luz invadiu nossa casa e Eva até chegou a pensar que havia chegado o cumprimento da promessa divina e disse: "Adquiri um varão com o auxílio do Senhor" e chamou o rebento de Caim. Depois, Eva engravidou de novo e nasceu Abel. Os nossos dois filhos cresceram juntos em nossa casa, mas eram muito diferentes. Caim tornou-se lavrador, e Abel, um pastor de ovelhas. Nós ensinamos nossos filhos a adorar a Deus. Contávamos para eles nossa história, a história de como Deus nos criou e, mesmo depois da nossa desobediência, nos poupou e fez para nós a promessa do Redentor. A piedade era promovida em nossa casa. E nós amávamos a Deus e queríamos agradá-lo.

Depois de muito tempo, meus filhos trouxeram suas oferendas para Deus. Caim trouxe, do fruto da terra, uma oferta ao Senhor, e Abel, por sua vez, trouxe das primícias do seu rebanho e da gordura deste. Deus agradou-se de Abel e de sua oferta, mas não se agradou de Caim nem de sua oferta.

É preciso ficar claro que antes de Deus receber nossa oferta, ele precisa aceitar nossa vida. A vida do adorador é a vida de seu culto. Em vez de Caim arrepender-se e mudar sua conduta, ficou sobremodo irado, a ponto de lhe descair o semblante. O Senhor o confrontou, dando-lhe a oportunidade de mudar sua conduta, perguntando-lhe: "Caim, por que andas irado, e por que descaiu o teu semblante?".

A ira de Caim era injustificada. Seu coração não era reto para com Deus nem mesmo com Abel. A inveja e não o amor governava sua vida. Deus, então, o exortou, dizendo: "Se procederes bem, não é certo que serás aceito?". Deus não se agradou de Caim porque ele não procedia bem. Ele foi para o altar, fazer sua oferta, mas sua vida estava errada. E continuou não procedendo bem, depois de ter sua vida e sua oferta rejeitadas por Deus. Em vez de emendar seus caminhos, deu mais um passo rumo ao pecado, ficando sobremodo irado.

Sendo tolerante com Caim, Deus ainda o alertou: "Se, todavia, procederes mal, eis que o pecado jaz à porta; o seu desejo será contra ti, mas a ti cumpre dominá-lo". O pecado é como uma fera selvagem que fica à espreita, pronto para atacar. Endurecer o coração, abrigar a ira e continuar procedendo mal seria o mesmo que ser dominado pelo pecado em vez de dominá-lo. Caim seria vítima de sua própria ira e, irado, cometeria o primeiro crime de sangue da história. A ira de Caim tornou-se uma tempestade devastadora. Ele matou seu irmão, feriu a nós — seus pais — com uma dor terrível e influenciou desastradamente toda a sua descendência.

Caim não atendeu à exortação de Deus. Ele não era um adorador. Na verdade, era do maligno. Ao convidar nosso filho caçula e seu irmão Abel a ir com ele ao campo, colocou palavras doces nos lábios, mas tinha amargura no coração. Abel jamais poderia suspeitar de seu irmão. De súbito, sem qualquer chance de defesa, Caim se levantou contra Abel e o matou. Ah, como foi doloroso para mim e Eva ver nosso querido Abel assassinado pelas mãos de nosso filho primogênito. Choramos muito. Uma sombra de tristeza desceu sobre nós.

Deus ainda confrontou Caim, mas ele tentou evadir-se de seu crime. O Senhor não o deixou escapar. Embora não houvesse nenhuma testemunha do seu crime horrendo na terra, Deus viu o bárbaro fratricídio. O sangue de Abel clamou aos céus. Caim, foi capturado pelo Criador e diante da evidência incontestável de sua culpa, não demonstrou nenhuma tristeza pelo seu crime. Ele lamentou ter sido apanhado no ato nefasto. Deus pôs um sinal em Caim para ele não ser assassinado nas futuras gerações, e ele continuou sua vida longe de Deus. Sua descendência seguiu seus passos rebeldes e tornou-se uma geração corrompida e má, afastando-se mais e mais do Senhor.

Deus foi misericordioso comigo. Eu estava com cento e trinta anos quando coabitei novamente com minha mulher e ela concebeu e deu à luz a um terceiro filho, a quem colocamos o nome de Sete. Este filho veio para nos consolar, porque ainda sofríamos muito pela morte violenta de Abel. Sete cresceu como um jovem piedoso. Casou-se e, ao nascer o seu filho primogênito, deu-lhe o nome de Enos, e a partir daí, começou-se a invocar o nome do Senhor, o que havia sido interrompido com a morte de Abel.

Depois que gerei Sete, ainda vivi mais oitocentos anos e tive filhos e filhas. Morri com novecentos e trinta anos. Muitas coisas sucederam em minha vida nesse longo tempo, mas isso guardarei em segredo. O que cabe a vocês, é o que eu lhes contei. Essa é a minha história. Eu sou Adão!

VÁ DIRETO À FONTE

Gênesis 2—5
1Crônicas 1:1
Lucas 3:38
Romanos 5:12-18
1Coríntios 15:22,45,47
1Timóteo 2:13,14
Judas 14

2 EU SOU ABRAÃO

Eu nasci em Ur dos caldeus, no sul da Mesopotâmia. Minha cidade era a capital da Caldeia e um canteiro fértil da idolatria dos tempos antigos. Meu povo vivia mergulhado nas mais densas trevas do paganismo. Minha família adorava outros deuses, os deuses pagãos, e não tinha a luz da verdade.

O meu avô, Naor, era descendente de Sem, um dos filhos de Noé. Meu pai, Terá, tinha setenta anos quando eu nasci. Eu tive dois irmãos: Naor e Harã. Meu irmão Harã era o pai de Ló, que mais tarde me acompanhou em minhas andanças, uma vez que Harã morreu precocemente em Ur, quando o meu pai ainda estava vivo.

Naquele tempo, era comum casamentos consanguíneos. Por exemplo, Naor, meu irmão, casou-se com sua sobrinha Milca, filha de nosso irmão Harã. Mais tarde, Betuel, filho de Naor, tornou-se o pai de Rebeca e o sogro de meu filho Isaque. Assim, Rebeca e Isaque eram primos. O mesmo aconteceu com Jacó, meu neto. Raquel, sua mulher, era filha de Labão, irmão de Rebeca, portanto, prima de Jacó. Até mesmo minha mulher, Sarai, era minha meia-irmã, filha de meu pai com outra mulher.

Depois que o Harã morreu, meu pai, Terá, saiu de Ur rumo a Canaã e meu sobrinho Ló, Sarai e eu o acompanhamos. Quando chegamos a Harã, no norte da Mesopotâmia, ali fixamos residência. Meu pai, aos duzentos e cinco anos, morreu em Harã.

É nesse momento que um capítulo emocionante, com reflexos na história e na eternidade, começa a ser escrito por Deus, em minha vida e por meu intermédio. Deus me disse para sair da minha terra, da minha parentela e da casa de meu pai para ir a uma terra que ele me mostraria. O Senhor prometeu fazer de mim uma grande nação e me abençoar e engrandecer meu nome. Ordenou-me a ser uma bênção e prometeu abençoar os que me abençoassem e amaldiçoar os que me amaldiçoassem. Disse-me ainda que em mim seriam benditas todas as famílias da Terra.

Diante de promessas tão grandiosas, abandonei as minhas crenças primitivas, minha terra, minha parentela e parti como me ordenara o Senhor. Ló, meu sobrinho, foi comigo. Nesse tempo eu tinha setenta e cinco anos e, Sarai, minha mulher, sessenta e cinco. Eu já era um homem rico. Tinha bens e muitas pessoas que trabalhavam para mim. Sem vacilar, mas crendo na promessa, partimos do norte da Mesopotâmia e chegamos na terra de Canaã, onde os cananeus habitavam. O Senhor apareceu para mim e me disse que daria aquela terra à minha descendência. Como um gesto de gratidão, ali mesmo, em Siquém, edifiquei um altar ao Senhor. Armei minha tenda ao oriente de Betel, edifiquei um altar ao Senhor e invoquei o seu nome. Depois, segui dali para o Neguebe.

Uma severa e grande fome castigou aquela região. Não vi outra saída senão descer ao Egito, a região conhecida como o celeiro do mundo, banhada pelas águas do rio mais longo do mundo, o Nilo. Eu tinha consciência dos riscos que poderiam acontecer naquela terra das milenares pirâmides, o reino dos faraós. Meu maior temor era que minha mulher fosse tirada de mim e levada para o harém do faraó e ainda me matassem por causa dela. Sarai era muito formosa e certamente atrairia a atenção dos egípcios. Então, eu elaborei um plano para me livrar da morte. Disse a Sarai: "Você é uma mulher muito bonita e eu correrei riscos aqui por causa de sua beleza. Vão querer me matar e ficar com você. A única maneira de eu sobreviver é você mentir e falar que é minha irmã, e não minha mulher.

Dito e feito, foi só chegarmos no Egito que os homens botaram os olhos em Sarai e viram que ela era sobremaneira formosa. Os príncipes do faraó logo levaram essa notícia a ele, e então, minha mulher foi levada para a casa do faraó. Por causa dela, o faraó fez de tudo para me agradar. Deu-me muitos presentes e, com isso, engrandeci sobremodo as minhas riquezas no Egito, com muitas ovelhas, bois, jumentos, escravos, escravas, jumentas e camelos.

O meu plano, porém, foi frustrado pelo próprio Deus. O Senhor puniu o faraó e a sua casa, por causa de minha mulher; e minha mentira veio à tona. O faraó me chamou e me passou uma severa descompostura, por ter eu mentido para ele, dizendo que Sarai era minha irmã e não minha mulher. Ele ficou tão bravo que me expulsou do Egito e ordenou a seus homens que me escoltassem até que Sarai e eu, levando tudo o que possuíamos, abandonássemos a sua terra.

Saindo do Egito, fui para o Neguebe, e Ló, meu sobrinho, não me largava por nada. Era como um barco a reboque. Ele vivia sob a minha sombra. Nesse tempo, eu já era um homem muito rico. Possuía muito gado, prata e ouro. Ló também enriqueceu sobremaneira na minha companhia. Mas, diferentemente de Ló, o que enchia o meu coração não eram as coisas materiais. Apesar de minhas fraquezas, eu queria agradar ao Senhor. Então, fui novamente para Betel e ali invoquei o nome do Senhor.

Ló e eu prosperamos muito financeiramente. Não podíamos mais viver naquela mesma terra, que era habitada pelos cananeus e ferezeus. Não tardou para que começassem os conflitos entre os pastores de Ló e os meus pastores. Sem demora, procurei Ló e disse a ele que era tempo de nos separarmos. É melhor uma separação amigável do que um convívio conflituoso. Muito embora eu fosse o líder, deixei Ló ter primazia na escolha, dizendo a ele para apartar-se. Se ele fosse para a esquerda, eu iria para direita; se fosse para a direita, eu iria para a esquerda.

Ló, então, levantou os olhos e viu toda a campina do Jordão, bem regada como o jardim do Egito, como a terra luxuriante das margens do Nilo. Sem titubear, Ló rapidamente escolheu para si toda a campina do Jordão e partiu com sua comitiva. Eu habitei na terra de Canaã, enquanto Ló ia armando suas tendas até Sodoma, onde os homens eram maus e grandes pecadores contra o Senhor.

Se eu fosse olhar apenas para as vantagens imediatas, Ló tinha escolhido o filé e deixado o osso para mim. A parte que me restou era uma região deserta. Mas, tão logo Ló se apartou, Deus apareceu para mim e me mandou olhar para o norte e para o sul, para o leste e para o oeste e prometeu dar a mim e à minha descendência toda aquela terra. Prometeu-me ainda multiplicar a minha descendência como o pó da terra. Então, levantei-me dali e fui morar em Hebrom, junto aos carvalhais de Manre, onde levantei um altar ao Senhor.

A escolha de Ló não foi sensata. As cidades de Sodoma e Gomorra eram açodadas no pecado. Além de grotesca imoralidade, eram muito violentas. Toda a região onde Ló habitava foi invadida por quatro reis confederados da Mesopotâmia, que subjugaram os cinco reis da região ao redor do mar Salgado, impondo a eles e seus súditos uma servidão de doze anos. Ao cabo desse tempo, tentaram reagir, mas sofreram uma derrota ainda mais humilhante. As cidades de Sodoma e Gomorra tiveram seus bens saqueados, e nessa rapinagem, Ló sendo morador de Sodoma, também teve seus bens espoliados e foi levado cativo com toda a sua família.

Um homem conseguiu escapar dessa invasão e foi até Hebrom contar-me que Ló estava preso, sob o poder desses reis invasores. Imediatamente tomei trezentos e dezoito homens valentes que trabalhavam comigo e saí numa cruzada audaciosa para resgatar Ló e sua família. Minha estratégia foi infalível. Nossa vitória foi avassaladora. Conseguimos reaver os bens roubados de todos os sodomitas, bem como libertar todas as famílias que estavam subjugadas. O rei de Sodoma ficou impressionado com minha vitória esmagadora e veio encontrar-se comigo, fazendo a proposta de deixar comigo os bens repatriados e a receber apenas as pessoas. Mas eu deixei claro que não havia entrado naquela guerra por dinheiro. Deixei claro, ainda, ao rei de Sodoma, que eu não queria sequer uma correia de sandália para mim.

Nessa volta da batalha, tive um encontro marcante. Melquisedeque, rei de Salém, veio ao meu encontro trazendo pão e vinho, que mais tarde vieram a ser símbolos do corpo e do sangue do Messias. Além de rei, Melquisedeque era também sacerdote do Altíssimo. É claro que ocupando esses dois ofícios, o próprio Melquisedeque também tipificava o Messias, o Filho de Deus, que viria dois mil anos depois. Melquisedeque me abençoou e eu lhe paguei o dízimo.

Desde que eu saí de Harã, minha vida tornou-se muito turbulenta. Enfrentei fome e guerra. O meu sobrinho precisou apartar-se de mim e eu me expus a grandes perigos para resgatá--lo. Os poderosos inimigos, certamente, reuniriam suas tropas para me atacar. Depois desses acontecimentos, porém, a Palavra do Senhor veio a mim, numa visão e me entregou três mensagens: Primeira, eu não precisava ter medo. Segunda, o próprio Senhor seria o meu escudo. Terceira, o meu galardão seria sobremodo grande.

Eu logo retruquei, dizendo ao Senhor que nem o filho que ele me prometera eu tinha. Estava vendo a hora de meu servo, o damasceno Eliezer, ser o herdeiro de toda a minha fortuna. Porém, o Senhor me corrigiu e declarou incisivamente que meu herdeiro seria um filho gerado de mim. Então, conduziu-me para fora de minha tenda e me mandou olhar para o céu estrelado. Deu-me uma ordem para contar as estrelas, se eu pudesse e, concluiu: "Será assim a tua descendência". Eu cri no Senhor, e isso me foi imputado para justiça.

Deus me relembrou a promessa que havia feito a mim desde que me tirara de Ur dos caldeus. Prometeu que me daria aquela terra por herança e ali mesmo fez uma aliança de sangue comigo, comprometendo-se a cumprir fielmente o que me prometera. Deus me alertou, também, que minha descendência seria peregrina em terra alheia e seria reduzida à escravidão e seria afligida por quatrocentos anos. Ao fim desse tempo, porém, Deus julgaria os opressores e os meus descendentes sairiam de lá com grandes riquezas para tomar posse da terra prometida, pois nesse tempo, a medida da iniquidade dos amorreus e dos outros povos, os habitantes primitivos da terra, estaria completamente cheia.

Já fazia dez anos que eu estava andando na terra de Canaã. Eu tinha riqueza, rebanhos, servos e servas, mas o herdeiro prometido ainda não havia chegado. Um dia, minha mulher me fez uma abordagem complicada. Como ela não conseguia me dar filhos, propôs que eu tomasse Hagar, sua serva egípcia e coabitasse com ela, para ter filhos por meio dela. Eu errei em não exortar minha mulher a confiar na promessa de Deus. Acabei concordando com ela e coabitei com Hagar e ela concebeu.

Hagar, de forma insensata, ao perceber que estava grávida, desprezou Sarai. Minha mulher, porém, não deixou por menos, veio para cima de mim como uma fera e me disse: "Seja sobre ti a afronta que se me faz a mim". Eu disse a Sarai que Hagar estava em suas mãos e ela podia fazer o que bem entendesse com ela. Sarai humilhou Hagar e ela fugiu de sua presença numa tentativa de voltar ao seu povo no Egito. Ela já estava bem perto do Egito, quando o Anjo do Senhor a confrontou, dizendo: "Hagar, serva de Sarai, donde vens e para onde vais?". Hagar respondeu: "Fujo da presença de Sarai, minha senhora". O Anjo do Senhor deu ordens expressas a Hagar para voltar a Sarai e humilhar-se diante dela, e, também, fez-lhe a promessa de multiplicar sobremodo a sua descendência por meio de Ismael, o filho que lhe deveria nascer. Esse filho seria um guerreiro, habitante fronteiriço a todos os seus irmãos. Hagar deu um novo nome a Deus ali, "Tu és Deus que vê", batizando aquele lugar de "Beer-Laai-Roi". Hagar voltou à nossa casa e o Ismael nasceu. Nesse tempo eu estava com oitenta e seis anos.

Quando completei noventa e nove anos, o Senhor me apareceu e me disse: "Eu sou o Deus todo-poderoso; anda na minha presença e sê perfeito. Farei uma aliança entre mim e ti e te multiplicarei extraordinariamente". Eu me prostrei diante do Senhor, com o rosto em terra, e ele me assegurou: "Serás pai de numerosas nações". Por causa disso, ali mesmo, Deus mudou meu nome, Abrão, grande pai, para Abraão, pai de numerosas nações. Deus prometeu-me ainda que não apenas nações procederiam de mim, mas também reis.

Ele estabeleceu comigo sua aliança perpétua de ser o meu Deus e o Deus da minha descendência no decurso de suas gerações e ainda garantiu a mim e à minha descendência a possessão da terra de Canaã. O sinal da aliança de Deus era que, todo macho entre nós deveria ser circundado, quer escravo ou livre. Não seguir essa orientação seria quebrar a aliança e quebrar a aliança significava ser eliminado.

Naquele dia, Deus também mudou o nome de Sarai, para Sara. Ela teria um filho e seria mãe de nações. Reis de povos procederiam dela. Quando escutei essa palavra de Deus eu não me contive. Eu ri, porque minha mulher e eu já não esperávamos mais o cumprimento daquela promessa. Éramos velhos demais para termos um filho. Na minha cabeça, Ismael era o meu herdeiro. Deus corrigiu-me em minha incredulidade e me disse: "De fato, Sara, tua mulher, te dará um filho, e lhe chamarás Isaque; estabelecerei com ele a minha aliança, aliança perpétua para a sua descendência". Deus tranquilizou meu coração a respeito de Ismael, prometendo que o abençoaria, fazendo dele um homem fecundo, pai de uma grande nação e fazendo proceder dele doze príncipes.

Tão logo o Senhor se retirou de mim, prontamente obedeci à sua ordem, circuncidando Ismael e todos os homens escravos e livres que estavam debaixo de minha autoridade. Eu mesmo fui circundado aos noventa e nove anos.

Não muitos dias depois, o Senhor me apareceu em Carvalhais de Manre, quando eu estava assentado na porta da minha tenda, tomando uma fresca. Quando levantei os olhos, vi três homens de pé na minha frente. Corri ao encontro deles e prostrei-me em terra. Eu sabia que não eram homens comuns. Pedi a eles para ficarem comigo. Prometi-lhes água para lavar os pés, um tempo de descanso e um banquete com a generosidade de um beduíno. Eles aceitaram meu convite. Então, imediatamente fui falar com Sara para preparar, depressa, pães ao borralho e eu mesmo corri ao gado, tomei um novilho tenro e bom e dei-o ao criado para prepará-lo. Tomei coalhada e leite, o novilho e os pães e trouxe-os aos meus convidados de honra. Fiquei junto deles debaixo da árvore enquanto saboreavam o que havia preparado para eles.

Eles, então, me perguntaram onde estava Sara, minha esposa. Eu respondi que ela estava dentro da tenda. Um deles, me disse: "Certamente voltarei a ti, daqui a um ano; e Sara, tua mulher, dará à luz um filho". Sara estava escutando essa conversa atrás da porta da tenda. Essa promessa parecia impossível. Eu já estava velho e com o corpo amortecido, Sara, além de estéril, já tinha também cessado as regras. Quando Sara ouviu essa conversa, não se conteve e começou a rir de incredulidade, no seu íntimo. Quem conversava comigo não era um homem, mas o próprio Senhor que tudo vê e a todos sonda. Ele me perguntou: "Por que se riu Sara, dizendo: Será verdade que darei ainda à luz, sendo velha? Acaso para o Senhor há coisa demasiadamente difícil? Daqui a um ano, neste mesmo tempo, voltarei a ti, e Sara terá um filho". Minha mulher ficou com medo e negou que tivesse rido por incredulidade, mas o Senhor desmentiu-a, afirmando que de fato ela havia rido.

Aqueles visitantes misteriosos eram o Senhor e dois anjos. Eles saíram de minha casa rumo à cidade de Sodoma; eu os acompanhei. O próprio Senhor disse que nada me ocultaria do que estava para fazer, pois eu seria uma grande e poderosa nação e em mim seriam benditas todas as nações da terra. O Senhor deixou claro que havia me escolhido para que eu ordenasse os meus filhos e a minha casa depois de mim, a fim de guardarem o caminho do Senhor e praticarem a justiça e o juízo, a fim de que Ele fizesse vir sobre mim tudo o que falou a meu respeito.

Nesse momento, o Senhor me fez uma revelação chocante. O clamor de Sodoma e Gomorra tinha se multiplicado e o seu pecado agravado sobremodo. O Senhor mesmo desceria para fazer naquelas cidades uma meticulosa investigação. Enquanto os dois anjos se dirigiram para Sodoma, permaneci na presença do Senhor e comecei a interceder pela cidade. Eu relembrei ao Senhor o seu próprio caráter justo, e perguntei: "Destruirás o justo com o ímpio?". Sabendo que Deus jamais faria isso, perguntei se tivessem cinquenta justos na cidade, se ele pouparia o lugar por amor aos cinquenta. Mesmo antes de ouvir a resposta, eu já saí em defesa da justiça divina, afirmando: "Longe de ti o fazeres tal coisa, matares o justo com o ímpio, como se o justo fosse igual ao ímpio; longe de ti. Não fará justiça o Juiz de toda a terra?". O Senhor, então, me garantiu que se tivessem cinquenta justos na cidade, ele pouparia a cidade, por amor deles.

Eu fui ousado e ao mesmo tempo humilde, quando disse: "Eis que me atrevo a falar ao Senhor, eu que sou pó e cinza. Na hipótese de faltarem cinco para cinquenta justos, destruirás por isso toda a cidade?". O Senhor me respondeu: "Não a destruirei". Então, eu insisti e perguntei, e se houver quarenta? E se houver trinta? E se houver vinte? E se houver dez? Para todas essas perguntas, Deus respondeu-me que não destruiria a cidade por amor desses justos. Eu cessei de falar, o Senhor se retirou e eu voltei para minha tenda.

Soube que os dois anjos desceram a Sodoma e hospedaram-se na casa do meu sobrinho Ló. Ele era um homem justo que se afligia com os pecados da cidade. Era o juiz da cidade, mas não exercia qualquer influência sobre a vida moral do povo. Suas duas filhas estavam comprometidas com homens ímpios. Sua mulher tinha o coração posto na cidade do pecado. Os homens pervertidos de Sodoma, tanto os velhos como os jovens, dando vazão ao apetite sexual desenfreado, queriam abusar sexualmente dos hóspedes de Ló. O meu sobrinho ficou tão desesperado que chegou a oferecer suas filhas virgens àqueles celerados. Ló os chamou de irmãos, mas eles o trataram como um estrangeiro. Os anjos de Deus amaldiçoaram aqueles libertinos com cegueira e mesmo assim, eles não cessaram de tentar abusar dos mensageiros de Deus. Os anjos apertaram com Ló para tirá-lo da cidade. Deram ordens expressas para fugirem para a montanha e não olharem para trás. Os seus genros não acreditaram em Ló e foram destruídos na cidade do pecado. A sua mulher olhou para trás e virou uma estátua de sal. As suas filhas o embebedaram numa caverna e tiveram filhos com ele, tornando-se Ló o pai de seus netos e o avô de seus filhos. Os filhos de Ló, Moabe e Amom, formaram dois povos que viraram as costas para Deus, perseguiram os filhos de Israel e ainda adoraram deuses pagãos.

Mesmo depois do Senhor ter me garantido que naquele ano nasceria o filho da promessa e Sara daria à luz a Isaque, eu saí de onde estava e fui morar em Gerar. Infelizmente, eu fraquejei mais uma vez e voltei a mentir sobre Sara. Na verdade, nós combinamos em mentir. Reconheço que fui fraco. Em vez de proteger minha mulher, eu a expus. Disse em Gerar que Sara era minha irmã, mas ocultei que ela era minha mulher. Não deu outra, Abimeleque, rei de Gerar, mandou buscá-la para seu harém. Mas, antes que o rei a possuísse, Deus mostrou em sonhos que ele morreria, se a tomasse, porque ela era casada.

Minha mentira mais uma vez foi descoberta e mais uma vez eu levei uma severa reprimenda por isso. Fui confrontado duramente por Abimeleque. Minha mentira poderia trazer maldição sobre ele e todo o seu reino. Em vez de me expulsar como fez o faraó do Egito, Abimeleque cumulou-me, bem como a Sara, de muitas riquezas e deu-nos permissão para permanecermos entre eles. Apesar de minhas fraquezas, eu era um profeta de Deus e orei pelo rei, sua mulher e suas servas e todas foram curadas, porque o Senhor já havia tornado estéreis todas as mulheres da casa de Abimeleque, por causa de Sara.

Ah, a promessa de Deus não caiu por terra. Quando eu completei cem anos, o Senhor visitou Sara e ela concebeu e deu à luz a Isaque, o filho da promessa. Eu o circuncidei ao oitavo dia, em obediência à aliança que havia firmado com Deus. Sara não podia se conter de tanta alegria. O nome que demos ao menino, Isaque, cujo significado é "riso", era exatamente uma expressão de nossa alegria.

Nessas alturas, Ismael já estava com quatorze anos. Foi um golpe para ele, porque até então era o meu único herdeiro. No dia que Isaque desmamou, aos três anos de idade, eu dei uma grande festa. Tínhamos muitos convidados. O clima era de jubilosa celebração. Porém, no meio da festa um fato aconteceu que azedou o ambiente. Sara flagrou Ismael, com dezessete anos, zombando de Isaque, um menino de apenas três anos. Ela ficou muito irritada. Não se conteve e esbravejando me disse: "Rejeita essa escrava e seu filho; porque o filho dessa escrava não será herdeiro com Isaque, meu filho".

Aquilo foi muito duro para mim. Eu tinha uma grande afeição por Ismael. Porém, o próprio Deus disse para eu atender a Sara em tudo, porque por Isaque e não por Ismael é que a minha descendência seria chamada. Deus me consolou ao prometer que faria de Ismael também uma grande nação.

Quando o dia amanheceu, eu preparei pão e um odre de água e coloquei-os nas costas de Hagar e os despedi. Foi uma cena dolorosa para mim, porque ela saiu errante pelo deserto com o rapaz. Soube que a caminhada deles foi dramática, pois ao caminharem pelo deserto inóspito, de areias esbraseantes, já com os pés inchados, a água do odre acabou. Hagar pensou que seria o fim. Colocou Ismael debaixo de um arbusto e se afastou cem metros para erguer a voz e chorar. Foi nesse momento que um milagre aconteceu. O Anjo do Senhor bradou desde o céu e disse: "Hagar, o que tens? Não temas, porque Deus ouviu a voz do menino, daí onde está. Ergue-te, levanta o rapaz, segura-o pela mão, porque farei dele um grande povo". Deus virou a mesa da história. Reverteu o quadro de morte de Ismael e mostrou a Hagar uma grande nação que procederia dele. Ali mesmo, Deus mostrou a Hagar uma fonte de água no deserto e ela encheu o odre de água e a vida sorriu novamente para eles. Ismael cresceu e habitou no deserto. Tornou-se um flecheiro e sua mãe o casou com uma egípcia. Ismael veio a tornar-se o pai de todas as nações árabes.

Eu morava ainda na terra dos filisteus, quando Abimeleque veio a mim para fazer aliança comigo. Nesse tempo eu era um homem muito rico e muito influente na região. Ele rogou que eu usasse de bondade para com ele, como ele havia usado de bondade comigo. Fizemos uma aliança de paz em Berseba e ali invoquei o nome do Senhor, o Deus eterno. Morei nessa região muitos anos. Nesse tempo Isaque cresceu e já era um rapaz cheio de força e vigor.

Depois dessas coisas, passei pelo momento mais difícil de minha vida, pois Deus me provou de forma radical. Já tinha passado por tantas provas, mas esta tocou o âmago de minha alma. Deus apareceu para mim e me ordenou que tomasse o meu filho Isaque, a quem eu amava, e fosse à terra de Moriá e ali o oferecesse em holocausto, num dos montes que ele mesmo me mostraria. Porque conhecia a Deus e sabia que ele era poderoso até mesmo para ressuscitar meu filho, sabendo que Ele havia feito a promessa de que por Isaque viria minha descendência e ele seria pai de nações, não hesitei em obedecer a Deus. Eu não questionei a Deus nem adiei a decisão. Levantei-me de madrugada, preparei o jumento com provisões para a viagem, tomei dois dos meus servos, rachei lenha para o holocausto e fui para o lugar que Deus me havia indicado.

Foram três dias de longa caminhada. Isaque estava todo serelepe, fazendo aquela jornada sem saber que seria sacrificado em holocausto. Cada passada que eu dava era uma martelada no meu coração. Quando a noite chegava e parávamos a jornada para descansar, via o rosto sereno de Isaque dormindo e as lágrimas rolavam pelo meu rosto. Eu não podia ser guiado pelas minhas emoções. Eu só podia descansar na fidelidade de Deus.

No terceiro dia de nossa viagem, eu levantei meus olhos e vi, de longe, o lugar indicado por Deus. Meu coração gelou. Mas, não recuei. Estava decidido a obedecer a Deus. Então eu disse para os meus dois servos: "Vocês esperem aqui, com o jumento. Eu e Isaque iremos até lá no monte, e havendo adorado, voltaremos para nos juntar novamente a vocês". Sem titubear, tomei a lenha do holocausto e coloquei-a sobre Isaque, meu filho. Eu levava nas mãos o fogo e o cutelo. Em silêncio Isaque e eu caminhamos subindo as encostas do monte Moriá. De repente, Isaque me fez uma pergunta perturbadora: "Papai, eis aqui o fogo e a lenha, mas onde está o cordeiro para o holocausto?". Guiado por minha fé em Deus, respondi a Isaque: "Deus proverá para si, meu filho, o cordeiro para o holocausto".

Continuamos então a caminhar juntos até que chegamos ao lugar que Deus me havia designado. Ali edifiquei um altar. Dispus sobre ele a lenha, e então amarrei Isaque, meu filho, e o deitei no altar, em cima da lenha. Estendi minha mão, tomei o cutelo para imolar meu próprio filho amado, quando do céu me bradou o Anjo do Senhor: "Abraão, Abraão! Não estendas a mão sobre o rapaz e nada lhe faça". E o mensageiro celestial acrescentou: "Porque agora eu sei que temes a Deus, porquanto não me negaste o teu único filho". Eu estava numa espécie de êxtase de alegria. Quando ergui meus olhos, vi atrás de mim um carneiro preso pelos chifres entre os arbustos. Imediatamente tomei o carneiro e o ofereci em holocausto, no lugar de Isaque, meu filho.

Para marcar aquela poderosa experiência, eu pus o nome naquele lugar de: "O Senhor proverá". Então, ficou conhecido o dito: "No monte do Senhor se proverá". Ali o Anjo do Senhor bradou de novo desde o céu para renovar comigo a aliança de me abençoar e multiplicar a minha descendência como as estrelas dos céus e como a areia na praia do mar. O Anjo ainda me garantiu que a minha descendência possuiria a cidade dos meus inimigos e nela seriam benditas todas as nações da terra. Depois desta experiência, voltei para Berseba e ali fixei minha residência.

Isaque já estava com trinta e sete anos, quando Sara, minha mulher, morreu aos cento e vinte e sete anos. Deus havia me prometido a terra, mas não tinha tomado posse ainda de nem um palmo de terra. Precisei me apressar e comprar um lugar digno para sepultá-la. Comprei a caverna de Macpela e ali sepultei a minha amada, depois de chorar por ela.

Passados mais três anos, quando Isaque já estava com quarenta anos, tomei a decisão de enviar Eliezer, o meu servo de confiança, à minha terra, depois de solenes juramentos. Ele deveria ir à terra dos meus parentes buscar uma noiva para casar-se com Isaque. Meu filho era um homem piedoso e precisava casar-se com uma moça dentre o nosso povo, com as mesmas convicções de fé. Eu não queria que ele se casasse com uma moça filisteia.

Eliezer preparou uma comitiva, com dez camelos, vários servos, muitos presentes e partiu rumo a Harã, cerca de mil quilômetros, para encontrar uma noiva para Isaque. Era uma jornada de vários dias. Eliezer orou ao Senhor e pediu sinais do seu favor. Ah, Deus na sua bondade, providenciou tudo. Eliezer havia pedido a Deus o seguinte sinal: A moça que me der de beber e der de beber aos dez camelos, essa será a eleita do Senhor para Isaque. Ao chegarem no norte da Mesopotâmia, encontraram uma fonte na porta da cidade e de repente uma linda jovem vinha trazendo no ombro o seu cântaro, quando Eliezer pediu-lhe um pouco da água. A moça prontamente lhe deu de beber e tirou água do poço para os dez camelos. Eliezer olhava essa cena admirado, pois estava tudo de acordo com o que havia pedido a Deus em oração. Então, lhe deu vários presentes do grande acervo que trazia e perguntou a ela de quem era filha. Ela respondeu: "Sou filha de Betuel, filho de Milca e Naor".

Eliezer ficou extasiado diante da informação, pois a moça era filha de Betuel, filho de meu irmão Naor, e por sua vez prima de Isaque. A moça convidou toda a comitiva a ficar em sua casa com a promessa de providenciar palha para os camelos. Eliezer ficou tão feliz, que ali mesmo adorou ao Senhor por sua providência.

Ah, a moça era Rebeca. Ela tinha um irmão chamado Labão. Soube que quando ele a viu chegando com os ricos presentes, logo se apressou e correu ao encontro da comitiva junto à fonte. Naquela noite preparam para Eliezer e sua caravana uma farta refeição. Mas ninguém começou a comer antes de Eliezer contar para eles o propósito da viagem. Ele contou sobre minha riqueza, sobre Isaque, meu filho e herdeiro de uma grande fortuna e de um grande legado espiritual.

Depois de narrar toda a viagem e a experiência com Rebeca junto à fonte, ele perguntou se ela estava disposta a seguir com eles para Berseba para ser a esposa de Isaque. Antes que a moça respondesse, Labão, seu irmão e seu pai disseram: "Isto procede do Senhor, nada temos a dizer fora da sua vontade. Eis Rebeca na tua presença; toma-a e vai-te; seja ela a mulher do filho do teu senhor, segundo a palavra do Senhor".

Eliezer mais uma vez se prostrou para adorar a Deus e tirou joias de ouro e de prata e vestidos e os deu a Rebeca. Ainda deu ricos presentes ao seu irmão Labão e à sua mãe. Depois disso, até insistiram que ficassem ali alguns dias, mas Eliezer tinha pressa para voltar, e quando Rebeca foi consultada, ela se dispôs a viajar imediatamente. Soube que sua despedida foi emocionante. A família dela lhe disse ao se despedir: "Sê tu a mãe de milhares de milhares, e que a tua descendência possua a porta dos teus inimigos". A viagem foi longa, mas repleta de muita alegria e de expectativa do encontro desses jovens. Quando Eliezer estava chegando, Isaque, meu filho, saía para meditar, no cair da tarde, e Rebeca perguntou acerca do rapaz que vinha ao encontro deles. Foi informada que era Isaque. Imediatamente, ela tomou o véu e cobriu-se. Eliezer contou a Isaque toda essa linda história e ele tomou-a e ela lhe foi por mulher. Foi amor à primeira vista.

Depois que Isaque se casou, eu desposei Quetura e tive com ela seis filhos, porém, dei tudo que possuía a Isaque e ainda separei-os de Isaque, enviando-os para a terra oriental. Eu não desamparei esses outros filhos. A eles dei muitos presentes.

Eu vivi uma velhice feliz e morri aos cento e setenta e cinco anos. Meus filhos Isaque e Ismael me sepultaram na caverna de Macpela, onde tinha sido sepultada minha amada esposa Sara. Minha descendência, de fato, tornou-se numerosa. Sou considerado o pai de todos os crentes. Os meus verdadeiros filhos não são aqueles que têm o meu sangue correndo em suas veias, mas aqueles que têm a minha fé habitando em seu coração.

VÁ DIRETO À FONTE

Gênesis 11:26-32—25:11

1Crônicas 1:24-34

João 8:33-58

Atos 7:2-32

Romanos 4

Gálatas 3

Hebreus 7:1-10; 11:8-19

Tiago 2:21-23

3 EU SOU SANSÃO

A minha história começa com a visita do Anjo de Deus à minha mãe. O nosso povo tinha virado as costas para Deus mais uma vez e estava vivendo debaixo da opressão dos filisteus por quarenta anos. Esse tempo foi chamado de o período dos juízes. A instabilidade espiritual de Israel era chocante. O povo oscilava numa verdadeira gangorra espiritual e só se voltava para Deus na hora do aperto. Quando Deus enviava o livramento e o povo voltava a ter paz e prosperidade, logo se esquecia dele outra vez. Essa espécie de gangorra espiritual durou mais de trezentos anos no período dos juízes.

Foi nesse tempo de opressão, que o Anjo de Deus anunciou à minha mãe, que era estéril, que ela daria à luz um filho e eu seria nazireu desde o ventre até à minha morte, ou seja, eu seria consagrado a Deus por toda a minha vida. O Anjo do Senhor ainda disse à minha mãe que por meu intermédio, Deus começaria a libertar nosso povo do poder dos filisteus.

Meu pai era de Zorá e chamava-se Manoá. Ele era da tribo de Dã. Quando a minha mãe contou para meu pai essa aparição do Anjo, ele pôs a orar ao Senhor e pediu para que o homem de Deus viesse de novo para ensiná-los acerca do que deveriam fazer comigo. Deus ouviu a voz do meu pai e o Anjo de Deus veio outra vez à minha mãe, quando ela estava assentada no campo. Meu pai, porém, não estava perto dela nesse momento. Minha mãe apressou-se, então, e correndo foi contar tudo para meu pai, dizendo que aquele homem que aparecera para ela havia voltado. Imediatamente, meu pai se levantou e seguiu minha mãe até o lugar onde o homem estava. Quando se aproximaram dele, meu pai lhe perguntou: "És tu o que falaste a esta mulher?". Ele respondeu: "Eu sou".

O meu pai, tomado de emoção, perguntou ao homem qual seria o meu modo de viver e qual seria o meu serviço quando suas palavras se cumprissem. Meu pai queria saber qual seria minha vocação e como eu deveria ser criado.

O Anjo do Senhor explicou a meu pai que eu seria um nazireu desde o ventre materno. Portanto, minha mãe, durante a gravidez, não poderia comer nada que procedesse da videira, nem vinho nem bebida forte, nem poderia ingerir nenhuma comida considerada cerimonialmente impura.

O meu pai, não sabendo que o homem que falava com ele era o próprio Anjo do Senhor, convidou-o para ficar hospedado em sua casa e, demonstrando sua nobreza, ofereceu-lhe um banquete, prometendo preparar-lhe um cabrito. Mas o Anjo do Senhor lhe disse que não aceitaria nem o banquete nem a hospedagem, mas que se meu pai oferece o cabrito em holocausto, essa oferta seria aceita.

Manoá, meu pai, ainda muito intrigado, perguntou ao homem qual era o seu nome, para honrá-lo depois que a profecia fosse cumprida, mas o Anjo do Senhor respondeu-lhe: "Por que perguntas assim pelo meu nome, que é maravilhoso?". Meu pai compreendeu naquele momento que ele estava na presença do próprio Deus pré-encarnado. Então, apressou-se a tomar um cabrito e uma oferta de manjares e os apresentou sobre uma rocha ao Senhor. O Anjo do Senhor, que contemplava esse sacrifício, ficou satisfeito com a oferta. Quando a chama que saiu do altar subiu ao céu, o Anjo do Senhor subiu nela e meus pais caíram com o rosto em terra, em santa reverência. Nunca mais o Anjo do Senhor apareceu a meus pais. Meu pai ficou tão maravilhado ficou com a experiência que chegou a dizer para minha mãe que eles morreriam porque tinham visto a Deus. Mas, minha mãe, sabiamente, disse a ele que se o Senhor os quisesse ter matado, não teria aceitado de suas mãos o holocausto e a oferta de manjares nem mostrado o plano de libertar o povo através de mim.

A minha mãe foi curada da esterilidade e, milagrosamente, ficou grávida. A profecia do Anjo do Senhor cumpriu-se à risca e eu nasci, cresci e o Senhor me abençoou. Meus pais eram tementes a Deus e me criaram no temor do Senhor. Desde cedo tive consciência do meu chamado. Eu seria o libertador do meu povo. Seria levantado por Deus para tirar o meu povo da opressão imposta pelos filisteus, nossos inimigos históricos.

Eu cresci bebendo o leite da piedade. Fui consagrado a Deus desde o ventre. Na verdade, eu era o jovem mais forte do meu povo. Preciso admitir que eu era singular. Preciso admitir, porém, que minha força não vinha dos meus músculos, ou seja, do braço da carne, mas do Espírito do Senhor. Eu tinha a força de um gigante. Ninguém podia duelar comigo sem sofrer esmagadora derrota. Eu sabia, também, que se quebrasse os votos de nazireado, minha força se esgotaria. Se os meus cabelos fossem rapados, tornar-me-ia um homem comum. Então, sempre tive cuidado de me manter fiel ao voto que meus pais fizeram quando eu nasci. Como nazireu, eu não podia fazer três coisas: tocar em cadáver, beber vinho e cortar os cabelos.

Os anos se passaram e eu me tornei um jovem robusto e parrudo. Minha força era descomunal. Podia rasgar um leão como se rasga um cabrito. Podia enfrentar um exército sem me intimidar. Eu era imbatível. Porém, preciso confessar que tinha uma fraqueza. Meus sentimentos prevaleciam sobre mim. Minhas paixões, como tentáculos, enfiavam as garras em mim. Meus desejos e impulsos carnais eram tempestuosos e muitas vezes afloravam com ímpeto indomável.

Certa feita, desci à cidade filisteia de Timna com o meu pai, e andando vi uma moça das filhas dos filisteus que me chamou a atenção. Os hormônios gritaram dentro de mim. Meu coração disparou no meu peito. Meus olhos brilhavam a ponto de eu não conseguir enxergar mais ninguém.

Quando cheguei em casa, eu não me contive e disse aos meus pais: "Vi uma mulher em Timna, das filhas dos filisteus; tomai-me, pois, por esposa". Aquele era o costume do nosso tempo. Eu queria aquela mulher para mim de qualquer jeito e a qualquer custo. Meus pais me repreenderam na hora. Eles me disseram que eu deveria tomar por esposa uma jovem da nossa parentela ou dentre o nosso povo e não dentre os incircuncisos filisteus.

Confesso que fui muito tolo em resistir à autoridade dos meus pais. Eu não dei ouvidos à exortação deles. Mantive-me inflexível no meu desejo. Disse para meu pai: "Toma-me esta, porque só desta me agrado". Eu não queria papo. Não estava disposto a ouvir o contraditório nem a obedecer a meus pais. Na verdade, eu não estava interessado em nenhuma moça do meu povo. Só aquela filisteia agradava meus olhos. Por mais que meu pai tenha insistido comigo, eu não cedi. Fui teimoso, cabeça dura e não recuei. Resultado? Acabei me envolvendo e me casando com a dita mulher.

Eu preciso destacar que, mesmo quando falhamos, os planos de Deus não podem ser frustrados. Meus pais jamais podiam imaginar que Deus usaria meu casamento com aquele filisteia para procurar uma ocasião contra os filisteus que nos oprimiam e assim vencê-los.

Um dia, eu desci com os meus pais para Timna. Aquela descida não era apenas geográfica. Começava ali, também, meu declínio espiritual, pois, na minha rebeldia, comecei a negociar valores espirituais inegociáveis. Comecei a transigir com princípios da Palavra de Deus que jamais poderia transigir. Eu, na verdade, abri mão de verdades que eu havia aprendido desde minha infância. Pasmem vocês, eu quebrei até mesmo os votos sagrados de consagração do nazireado.

No dia que eu fui visitar a moça filisteia com os meus pais, enquanto eu passava por meio das vinhas de Timna, um leão novo, bramando, saiu ao meu encontro. Tomei um susto, quando vi aquela fera selvagem urrando bem na minha frente e partindo para cima de mim. Naquele momento, o Espírito do Senhor se apossou de tal maneira de mim, que rasguei aquele leão como se rasga um cabrito, sem nada ter na mão. Na verdade, quando o Espírito do Senhor se apossava de mim, minha força era descomunal. Eu não precisava de segurança nem de guarda-costas para me acompanhar ou proteger.

Eu não contei para meus pais esse episódio do leão. Não queria que eles me desencorajassem a ir ao encontro da jovem filisteia. Eu estava muito empolgado com aquela viagem a Timna para conhecer aquela mulher filisteia. Meus pais, ainda que a contragosto, foram comigo. Eu desci até a casa da mulher, falei com ela e dela me agradei. Estava decidido. Era com ela que eu queria me casar.

Eu estava tão resolvido, que alguns dias depois, eu voltei a Timna para tomar aquela mulher filisteia como esposa. Meus pais foram novamente comigo. Quando estava passando pelas vinhas, apartei-me do caminho para ver o corpo do leão morto. Na sua caveira havia um enxame de abelhas com mel. Eu enfiei a mão na caveira do leão morto, arranquei um favo de mel, e fui andando e comendo dele. Quando apanhei os pais na estrada, dei-lhes do mel e eles comeram. É claro que eu não disse nada para eles que havia tomado o favo de mel do corpo do leão morto. Eu teria recebido uma severa reprimenda deles, pois aquilo era uma quebra do voto de nazireado. Eu não podia tocar em cadáver.

Na verdade, aquele mel não era recompensa de minha bravura, mas a quebra de um voto de consagração. Eu procurei doçura no que estava morto. Procurei prazer no que estava podre. Fui irresponsável com minha vida espiritual. Eu brinquei com Deus e fiz pouco-caso dos seus dons. Não levei a sério minha consagração a Deus. É claro que todo pecado tem consequências. Estava dando, ali, um passo perigoso para longe da prudência. Estava brincando com fogo e acabei queimado.

Quando cheguei com meu pai à casa da jovem, havia muita gente para aquela festa de sete dias. Eu fiz ali um banquete, porque assim o costumavam fazer os moços. O povo ali presente era formado pelos filisteus, nossos históricos inimigos. Estava entrando num verdadeiro vespeiro. As pessoas que estavam naquele banquete me viam como inimigo. A família da minha mulher pertencia ao povo que oprimia a minha gente.

Na festa do meu casamento, tolamente, dei mais um passo para longe da vontade de Deus. Fiquei com vergonha de dizer que eu era nazireu e não podia beber bebida forte. Então, dei de ombros a esse compromisso com Deus e fiz uma festa de arromba, de sete dias, de acordo com os jovens de minha época, regada a muita bebida forte. Teve bebida à vontade. Ali, na festa do meu casamento, eu quebrei o meu segundo voto de nazireado. Eu não podia beber bebida alcoólica. Eu não tive coragem para ser diferente dos moços de minha época. Faltou-me firmeza na fé. Acovardei-me e virei as costas para Deus e sua Palavra.

Os moços filisteus ao me verem entrando naquela família, convidaram trinta companheiros para estarem comigo. Eu sabia que eles estavam ali não para me fazer companhia ou me dar as boas-vindas ao povo filisteu. Eu estava pisando num terreno minado, num lugar escorregadio.

Em vez de tomar precauções, porém, dei mais um passo rumo à insensatez e propus um enigma para eles decifrarem, fazendo-lhes um desafio. Se decifrassem o enigma nos sete dias da festa, eu pagaria uma prenda para eles: trinta camisas e trinta vestes festivais. Se não decifrassem, eles me pagariam trinta camisas e trinta vestes festivais. Os filisteus toparam a aposta e me pediram para lhes contar o enigma. O enigma era: "Do comedor saiu comida, e do forte saiu doçura". Os trinta filisteus quebraram cabeça durante três dias e não conseguiram decifrar o enigma.

No sétimo dia, ao verem esgotando o prazo, como não conseguiam decifrar o enigma, fizeram uma severa ameaça à minha mulher, dizendo-lhe que se ela não arrancasse de mim o segredo, ela e a casa de seu pai seriam queimados. Eles chantagearam minha mulher, dizendo que haviam sido convidados para a festa para serem surrupiados em seus bens. Os homens estavam furiosos e determinados a transformar a minha festa de casamento num banho de sangue. A minha mulher e a família dela seriam mortos e a minha festa de núpcias terminaria em tragédia.

A minha mulher, pressionada, veio até mim chorando aos cântaros, dizendo que eu a aborrecia, porque havia proposto um enigma para ser decifrado pelos seus patrícios e eu ainda não havia revelado a ela o tal enigma. Eu disse para minha mulher que eu não havia contado o significado desse enigma nem mesmo para meus pais e que não estava disposto a contar para ela. Para ser mais claro, minha mulher já queria arrancar de mim o segredo desde o primeiro dia da festa. Todo dia ela vinha com a mesma conversa: Você me aborrece e não me ama. Se você me amasse me contaria. No sétimo dia, eu já não aguentava mais as importunações de minha mulher. Então, acabei contando tudo para ela e ela saiu correndo a contar para os filisteus, que ameaçavam sua família.

Os filisteus, no prazo determinado, no sétimo dia, antes do pôr do sol, vieram e me declaram o significado do enigma: "Que coisa há mais doce do que o mel e mais forte do que o leão?". Não tive dúvida de que eles haviam pressionado minha mulher para arrancar de mim o segredo do enigma. Então citei para eles um provérbio, desmascarando-os: "Se vós não lavrásseis com a minha novilha, nunca teríeis descoberto o meu enigma".

Nesse momento, o Espírito do Senhor se apossou de mim de tal maneira que eu desci a Ascalom, matei trinta de seus homens, despojei-os e as suas vestes festivais dei aos que me declararam o enigma. Porém, minha ira se acendeu sobremodo a ponto de não sentir mais prazer na festa do meu casamento. Então, subi à casa de meu pai para refrescar a cabeça. Estava estressado demais para ficar no meio daqueles filisteus. Na minha ausência, outra tragédia aconteceu. Para ser claro, meu casamento terminou antes mesmo de começar.

O meu sogro deu a minha mulher por esposa ao meu companheiro de honra. Eu só vim saber disso mais tarde. Depois que as coisas se acalmaram em meu coração, nos dias da ceifa do trigo, levei um cabrito para fazer uma comida saborosa e fui visitar minha mulher com a intenção de pacificar a situação. Estava todo empolgado para entrar em sua câmara e ter minha noite de núpcias, que não consegui nos turbulentos sete dias de festa. Quando lá cheguei, sofri um golpe terrível. Meu sogro não me deixou entrar e me disse que, por imaginar que eu jamais voltaria, e por julgar que eu estava aborrecido com minha mulher, ele a deu para ser a mulher de meu companheiro. Meu sogro tentou remediar a situação, oferecendo-me sua filha mais nova, em lugar da minha mulher.

Eu fiquei muito decepcionado e disse a ele que desta vez eu era inocente em relação aos filisteus. Eu saí da casa dele atordoado. Tomei trezentas raposas, tomei fachos, as virei cauda com cauda, e atei um facho no meio delas e incendiadas, soltei-as na seara dos filisteus. Foi um fogaréu só. Os molhos já ceifados, o cereal por ceifar, bem como as vinhas e os olivais foram todos incendiados.

A revolta dos filisteus foi geral e avassaladora. Quiseram saber quem havia praticado tamanha atrocidade. Foram informados que eu tinha incendiado seus campos porque meu sogro havia dado minha mulher para outro homem. Os filisteus, com sede de vingança, subiram e queimaram minha mulher e seu pai. Ao saber dessa crueldade, fiquei mais irado ainda e tomei a decisão de não desistir até me vingar dos filisteus. Fui para cima deles com força total. Feri-os com grande carnificina. Depois desci e habitei na fenda de uma rocha em Etã.

Os filisteus queriam vingança. Subiram e acamparam contra Judá. Os homens de Judá quiseram saber as razões dessa ameaça e disseram que o propósito era me prender e fazer comigo o que eu havia feito a eles. Três mil homens de Judá foram até a fenda da rocha de Etã e lembraram-me de que viviam sob o domínio dos filisteus e me alertaram que desafiar esse povo era extremamente prejudicial para eles. Eu respondi para os homens de Judá que eu havia feito aos filisteus exatamente o que eles haviam feito comigo. Então, os três mil homens de Judá pediram-me para eu descer com eles, me deixar ser amarrado por eles e ser entregue aos filisteus. Eu fiz aqueles homens me jurarem que eles mesmos não me matariam. Então, concordei e eles me amarram com duas cordas novas e me fizeram subir da rocha.

Quando eu cheguei a Leí e os filisteus me viram amarrado, gritaram e deram brados de alegria, mas o Espírito do Senhor de tal maneira se apossou de mim que as cordas que prendiam minhas mãos se tornaram como fios de linho queimado e as minhas amarraduras se desfizeram de minhas mãos. Achei uma queixada de jumento ainda fresca, tomei-a e com ela feri mil homens filisteus. Quando terminei aquela luta estava desfalecendo de sede, então clamei ao Senhor, e ele fendeu a cavidade da rocha e dela saiu água. Eu bebi, recobrei alento e revivi.

Permita-me fazer um alerta. Você nunca é tão vulnerável como quando depois de uma grande vitória. Depois dessa vitória retumbante, eu desci a Gaza. Ali eu vi uma prostituta e tive relação sexual com ela. Eu tinha forças para vencer um exército, mas não tinha poder para vencer meus ímpetos sexuais. Em vez daquela consagradora vitória sobre os filisteus me colocar numa situação de maior dependência de Deus, baixei a guarda e acabei resvalando os pés e envolvendo-me com prostituição. Não tardou para que os gazitas descobrissem que eu estava na cidade. Os filisteus quando ficaram sabendo disso, cercaram a cidade. Durante toda aquela noite ficaram de espreita, às escondidas, na porta da cidade, esperando que eu passasse por ali, no raiar do dia, para me matarem. Porém, à meia-noite, eu me levantei, peguei as duas folhas da porta da cidade, coloquei-as sobre meus ombros e levei-as para cima até o cume do monte, que dá vista para Hebrom. Infelizmente eu saí com as portas da cidade nos ombros, mas com o pecado da cidade no coração.

Como vocês já notaram, a minha área vulnerável era o domínio próprio. Depois desse fracasso moral, envolvi-me com uma mulher do vale de Soreque, chamada Dalila. Os príncipes dos filisteus foram a ela e ofereceram-lhe, cada um, mil e cem ciclos de prata, para ela descobrir o segredo da minha força. Todas as tentativas dos filisteus de me subjugar haviam sido fracassadas. Sabiam que eu tinha um poder sobrenatural.

Dalila me cobriu de carícias e tentou arrancar de mim o meu segredo, pedindo-me que eu lhe contasse em que consistia a minha grande força e como eu poderia ser amarrado e subjugado. Eu fui muito inocente. Em vez de perceber o perigo, e ler as placas de sinalização que Deus estava colocando no meu caminho, fui brincando com Dalila num jogo perigoso. Menti para ela e disse que se me amarrassem com sete tendões frescos, então, me enfraqueceria e seria como qualquer outro homem. Os príncipes dos filisteus trouxeram a ela os tais sete tendões frescos e com os tendões, ela mesma me amarrou. Ela estava escondendo no seu quarto espiões filisteus, prontos a me subjugar. Ela gritou: "Os filisteus vêm sobre ti, Sansão!". Então, eu quebrei os tendões como se quebra o fio da estopa chamuscada e não puderam saber em que consistia a minha força.

Dalila disse-me que eu havia zombado dela e mentido para ela e reiterou seu pedido: "Declara-me, agora, com que poderias ser amarrado". Mais uma vez eu menti, e disse a ela: "Se me amarrarem bem com cordas novas, eu me enfraquecerei e serei como qualquer outro homem". A própria Dalila tomou cordas novas e me amarrou e me disse: "Os filisteus vêm sobre ti, Sansão!". Os filisteus que estavam escondidos novamente em seu quarto interior foram mais uma vez frustrados, porque eu arrebentei de meus braços todas as cordas.

Dalila pela terceira vez tentou me chantagear, dizendo-me que eu estava zombando dela e mentindo para ela. Reforçou seu pedido e disse: "Declara-me, pois, agora: com que poderias ser amarrado?". Eu estava brincando com coisa séria. Sem perceber fui me aproximando do perigo e colocando meus pés num laço. Respondi: "Se teceres as sete tranças da minha cabeça com a urdidura da teia e se firmares com pino de tear, então, me enfraquecerei e serei como qualquer outro homem". Enquanto eu dormia, Dalila tomou minhas sete tranças e as teceu com a urdidura da teia, fixando-as com um pino de tear. Então gritou: "Os filisteus vêm sobre ti, Sansão!". Então, me despertei do sono, e arranquei o pino e a urdidura da teia.

Dalila pegou pesado comigo, na sua maior destreza, a arte de seduzir. Ela deu a cartada final, dizendo que as minhas declarações de amor por ela eram falsas, porque o meu coração não estava com ela. Disse-me que eu já havia zombado dela três vezes e que eu ainda ocultava dela em que consistia a minha grande força. Dalila me importunava todos os dias com suas palavras. Na verdade, ela me molestava a ponto de apoderar-se de minha alma uma impaciência esmagadora. Então, eu que já havia quebrado os dois primeiros votos de consagração, tocando em cadáver e dando um banquete regado a vinho, agora, descobri a ela todo o meu coração e disse-lhe que nunca havia subido navalha à minha cabeça, porque eu era um nazireu de Deus, desde o ventre de minha mãe. Disse a ela que se meu cabelo viesse a ser rapado, minha força se acabaria e me enfraqueceria e seria como qualquer outro homem.

Dalila percebeu que eu não estava mentindo agora para ela, mas que descortinara todo o meu coração. Então mandou chamar os príncipes filisteus, dizendo a eles para subirem mais uma vez, porque agora ela havia descoberto o segredo da minha força. Os príncipes dos filisteus vieram imediatamente trazendo-lhe o dinheiro prometido. Dalila me fez adormecer nos seus joelhos e mandou um homem rapar-me as sete tranças da cabeça. Dalila me subjugou e retirou-se de mim a minha força.

Sem que eu soubesse que minhas tranças haviam sido rapadas, Dalila me disse: "Os filisteus vêm sobre ti, Sansão!". Eu me despertei do sono e disse a mim mesmo: "Sairei ainda esta vez como dantes e me livrarei". Porém, eu não tinha me dado conta de que o Senhor já havia se retirado de mim. Eu brinquei com fogo e me queimei. Eu abri meu coração para a mulher errada e fui apanhado numa rede de mentiras e engano.

Os filisteus me pegaram, vazaram meus olhos e me fizeram descer à Gaza, o mesmo lugar onde eu havia deitado com uma prostituta. Amarraram-me com duas cadeias de bronze e me botaram para virar um moinho no cárcere. O meu cabelo, logo após ser rapado, começou a crescer de novo.

Os meus descuidos espirituais tiveram consequências graves para mim e para o meu povo. Eu fui levantado para ser libertador e agora estaca cativo. Meu nome significa sol e luz e eu fiquei cego, na escuridão. Eu fui consagrado a Deus desde o ventre para que minha vida trouxesse glória ao nome de Deus e o nome de Deus estava sendo zombado por minha causa. Os príncipes dos filisteus se juntaram para oferecer grande sacrifício a seu deus Dagom e para se alegrarem, por terem me capturado e vazado meus olhos. O mote deles era que Dagom havia me entregado a eles. Na cabeça deles, Dagom havia prevalecido sobre o Deus de Israel. Mas não foram apenas os príncipes que exaltavam Dagom por eu ter sido capturado, mas o povo passou a louvar ao seu deus, porque eu que representava um perigo para eles, devastando sua terra e multiplicando seus mortos, agora estava cativo e cego.

Enquanto se alegravam de todo o coração na exaltação ao deus pagão, mandaram me trazer para se divertirem comigo naquele estado deplorável. Tiraram-me do cárcere para eu ser um espetáculo de diversão dos filisteus num templo pagão. Fizeram-me ficar em pé entre as colunas do templo. Nesse momento, um lampejo de fé brotou em meu coração e eu pedi ao moço que me tinha pela mão para me permitir apalpar as colunas que sustentavam aquela casa pagã e encostasse nelas. O templo de Dagom estava cheio de homens e mulheres, além de todos os príncipes filisteus. No teto da casa havia cerca de três mil homens e mulheres, que olhavam para mim, enquanto se divertiam com a minha ruína.

Eu clamei ao Senhor e pedi que ele se lembrasse de mim e me desse força, só esta vez para que eu pudesse vingar-me dos filisteus pelo menos por um dos meus olhos. Abracei, então com as duas colunas do meio, que sustentavam a casa e fiz força sobre elas, com a mão direita em uma e com a mão esquerda na outra. Então eu disse com todas as minhas forças: "Morra eu com os filisteus". E inclinei-me com força, e a casa caiu sobre os príncipes e sobre todo o povo que nela estava.

Nesse dia, mais foram os que eu matei na minha morte do que os que eu matara na minha vida. Os meus compatrícios vieram e, com meus parentes, pegaram meu corpo e me sepultaram entre Zorá e Estaol, no sepulcro de meu pai, Manoá. Eu julguei Israel durante vinte anos.

Deus libertou meu povo do poder dos filisteus apesar das minhas más escolhas. Mas, não precisava ser assim. Fui totalmente responsável por meu descuido com os votos do nazireado. Eu quebrei os três votos de consagração e paguei um alto preço por isso. Morro, mas deixo-lhe um conselho solene: Obedeça a Deus! Esse é o caminho da verdadeira bem-aventurança!

VÁ DIRETO À FONTE

Juízes 13—16
Hebreus 11:32

4 EU SOU ANA

A minha história é de sofrimento e de superação. Sofrimento porque vivi num dos tempos mais turbulentos da história do meu povo, o período dos juízes. Esse período, que durou mais de trezentos anos, já estava no seu final. O sacerdote e juiz que liderou o povo, no meu tempo, já estava velho e muito pesado. Tinha dois filhos — Hofni e Fineias — que envergonhavam o sacerdócio. Eles eram homens adúlteros e profanos. Eles não respeitavam a Deus nem o culto divino. Eles não respeitavam o povo nem suas respectivas famílias. A vida religiosa do nosso povo ia de mal a pior, a partir da liderança.

O meu sofrimento foi agravado porque, nesse tempo era tolerável a bigamia e meu marido tinha outra mulher. Embora Elcana, meu marido, me amasse e cuidasse de mim, minha rival, Penina, não perdia ocasião para me infernizar a vida. Ah, como eu sofri nas mãos daquela mulher!

Mas, eu tinha um outro sofrimento atroz. Eu era estéril e, no meu tempo, a esterilidade era uma espécie de maldição. Uma mulher estéril era hostilizada por não ter o favor de Deus para conceber. O amor do meu marido não era suficiente para acalmar o meu coração. Durante muitos anos, amarguei uma vida de lágrimas e muito choro na presença de Deus, insistindo com ele, por um milagre.

Na minha busca incessante por um milagre, muitas vezes fui incompreendida. Nesse afã de orar por minha cura, minha rival me provocava, excessivamente, para me irritar. Sempre que eu subia à casa de Deus para orar, ela me humilhava por causa da minha esterilidade. Estava convencida de que Penina não era uma mulher de Deus, pois gente de Deus não vive para infernizar a vida dos outros, gente de Deus é bálsamo, aliviador de tensões. Penina esfregava na minha cara que ela, embora não orasse como eu, tinha muitos filhos. Na verdade, ela estava tentando me desestimular de buscar ao Senhor.

Pasmem vocês, meu próprio marido tentou matar os meus sonhos. Elcana já estava cansado de me ver chorando pelos cantos da casa e, também, nas nossas muitas idas ao templo para adorar. Um dia, Elcana me chamou para uma conversa. Percebi, no seu semblante, que ele estava irritado e impaciente com minha insistência em querer ter um filho. Ele me olhou nos olhos e me perguntou por que eu ainda estava chorando? Por que eu largava o prato e nem conseguia comer de tão obstinada que estava para ver meu sonho realizado? Então, ele me confrontou dizendo que ele era melhor do que dez filhos para mim. É claro que Elcana era um marido maravilhoso comigo. Ele me amava e nunca me deixou faltar nada. Mas, ele estava completamente cético acerca da possibilidade de Deus me curar. Acho que ele não acreditava em milagres. Acho, também, que ele não conseguia alcançar o meu ardente desejo de ser mãe. O relacionamento conjugal é uma coisa e o senso de maternidade é outra coisa. Esses dois mundos não se excluem, completam-se. Eu não respondi nada ao meu marido. Meu silêncio foi minha eloquente resposta para ele.

O mais impressionante é que até o nosso líder espiritual, o sacerdote Eli, ao me ver orando, no templo, balbuciando minha súplica e chorando diante de Deus, pensou que eu estivesse embriagada e me repreendeu duramente, me chamando de filha de Belial. Ah, aquilo foi como uma espada no meu coração! Parecia até que eu estava encurralada por pessoas que queriam matar os meus sonhos. A despeito disso, eu nunca duvidei da possibilidade de Deus mudar a minha sorte, por isso, continuei insistindo em oração. No passado, Deus já havia curado Sara, Rebeca e Raquel da esterilidade. Ele podia fazer o mesmo comigo.

Na ocasião em que o sacerdote Eli me acusou de estar embriagada, respondi-lhe que eu não estava bêbada na casa de Deus. Pelo contrário, eu era uma mulher amargurada de espírito e estava derramando a minha alma perante o Senhor. Pedi a ele para não me tratar com aquele tipo de desdém e afronta.

Enquanto orava, Deus foi ministrando ao meu coração a respeito das minhas motivações em ter um filho. Então, naquela batalha de oração, em meio às lágrimas, eu fiz um voto a Deus, dizendo que se ele me desse um filho varão, eu o consagraria ao Senhor, como um nazireu, e o devolveria ao Senhor por todos os dias de sua vida.

Para meu espanto, o mesmo sacerdote Eli, que havia me chamado de bêbada dentro da casa de Deus, abriu a boca, como um profeta, e me deu ordens para voltar em paz para minha casa, a fim de que o Senhor me concedesse o que eu estava pedindo.

Eu me apropriei, pela fé, daquela palavra. Meu rosto resplandeceu. Meus olhos brilharam. A tristeza foi embora da minha face. Uma alegria indizível encheu o meu coração. Voltei com Elcana para Ramá, a nossa cidade. Coabitei com meu marido. Deus se lembrou de mim e eu concebi e dei à luz a Samuel, aquele que haveria de suceder o sacerdote Eli e seus filhos e ser o maior profeta, sacerdote e juiz de todos os tempos na história da nossa nação.

Você não imagina a minha alegria de ver a minha barriga crescendo. Minha gravidez foi o comentário da minha cidade. A minha cura trouxe alegria para minha casa e glória ao nome do Senhor. Eu amamentei Samuel e cuidei dele com todo zelo. Estava determinada a ser fiel ao voto que tinha feito a Deus. Portanto, quando eu o desmamei, tomei a decisão de levá-lo à casa de Deus e deixá-lo aos cuidados de Eli. Quando cheguei em Siló, disse ao sacerdote que era por aquele menino que eu orava e agora estava trazendo-o, como nazireu, para consagrá-lo ao Senhor, por todos os dias de sua vida. Então, Eli e eu nos juntamos para adorar ali ao Senhor.

Dito isso, quero, agora, detalhar um pouco mais a minha história para animar o seu coração. A primeira coisa que vejo digno de nota é que não podemos desistir de nossos sonhos. Eu tinha o sonho de ser mãe. Muitas pessoas desistem no meio do caminho. Lutam por um tempo, mas diante das dificuldades recuam, perdem o entusiasmo e mergulham o coração na incredulidade. Eu lutei por anos a fio. Mesmo que minha causa fosse humanamente impossível, eu sabia que Deus poderia revertê-la. Eu nunca duvidei do poder de Deus através da oração. Tive que enfrentar muitos obstáculos; tive que ouvir muitas palavras injustas; tive que lidar com a carranca da triste realidade de ver até meu marido me aconselhando a desistir.

Eu entendi que quando Deus adia um sonho nosso é para nos mostrar que ele é melhor do que suas dádivas. É nas dificuldades que somos motivados a orar com mais fervor. O sofrimento não vem em nossa vida por acaso nem mesmo para nos destruir. O sofrimento na vida dos filhos de Deus é pedagógico. Ele vem para tonificar as musculaturas da nossa alma. Deus mesmo nos matricula na escola do sofrimento para que nossos joelhos se dobrem em oração. Antes de Deus nos conceder a realização de nossos sonhos, precisamos saber que ele é melhor do que suas dádivas.

Eu aprendi uma outra lição. Quando Deus realiza nossos sonhos, precisamos entender que tudo vem de Deus e deve ser devolvido para ele. Quando levei Samuel para a casa de Deus, a fim deixá-lo sob os cuidados de Eli, eu disse a ele: "Por esse menino orava eu, pelo que o trago como devolvido ao Senhor por todos os dias de sua vida". Samuel me foi dado não para eu retê-lo, mas para eu devolvê-lo ao Senhor. Se eu não tivesse entendido isso antes mesmo dele ser concebido, minha vida teria gravitado ao redor dele. Eu teria feito de Samuel um ídolo. Ah, mas ninguém pode ocupar o lugar indisputável de Deus. Nossa vida deve ser centrada em Deus, pois tudo vem dele, tudo é por meio dele e tudo é para ele.

Deixe-me compartilhar ainda outra lição. Eu aprendi que, quando Deus adia os nossos sonhos é porque tem coisas maiores e melhores para nos dar. Eu apenas queria ser mãe e acabei sendo mãe de vários filhos. Eu apenas queria conceber e ter um filho varão, e Deus fez do meu filho o maior homem de sua geração. Quando Deus adia os nossos sonhos não é porque ele está longe ou indiferente, mas é porque está preparando algo maior e melhor para nós. Os pensamentos de Deus são mais altos do que os nossos pensamentos. Os caminhos de Deus são mais elevados do que os nossos caminhos.

Por fim, permita-me compartilhar uma lição final: para Deus não há impossíveis. Ele é soberano. Ele pode tudo quanto ele quer. A última palavra não é dos homens nem mesmo da ciência. É Deus quem dá a vida e tira a vida. É Deus quem exalta e rebaixa. É Deus quem coloca reis no trono e os faz apear do trono. É Deus quem levanta o pobre do pó e o faz assentar-se entre príncipes. É Deus quem faz todas as coisas conforme o conselho de sua vontade. Porque Deus está no trono e ouve as orações, nossas causas perdidas podem ser revertidas pelo poder de Deus através da oração.

Na busca pela realização do meu sonho de ser mãe eu tive que lidar com três pessoas que tentaram me desanimar. A primeira delas foi Penina, minha rival. Ela não tinha nenhum interesse pelo meu sucesso. Não queria me ver feliz. Minha felicidade era a infelicidade dela. Há pessoas que não têm nenhum prazer com nossas conquistas. Não podemos permitir que a hostilidade dessas pessoas afrouxe nossos braços nem lance a sombra da dúvida ou da incredulidade em nosso coração.

A segunda pessoa que tentou me fazer retroceder em minha busca foi o meu marido. Ele não fez isso por maldade, mas por incredulidade. Ele julgava impossível Deus me curar. Estava regido demais por sua razão para crer em milagres. Apesar da incompreensão de meu marido, continuei lutando com Deus pela realização de meu sonho.

A terceira pessoa que tentou jogar um balde de água fria no meu sonho de ser mãe foi o sacerdote Eli. Ele o fez por falta de discernimento. Por não enxergar direito e por não ter discernimento espiritual, julgou que eu estava embriagada, quando na verdade eu estava derramando a minha alma na presença de Deus. Por acreditar que Deus podia mudar minha sorte, não permiti que nenhum desses obstáculos me tirasse o ânimo e o foco de orar até ver um sinal do favor divino.

Contudo, talvez, você me pergunte o que devemos fazer quando os nossos sonhos são adiados. Eu diria que, em primeiro lugar, você precisa continuar orando e crendo que Deus, no seu tempo, vai lhe responder. Há pessoas que desistem cedo demais. Há outras que param de orar. Há aquelas que se conformam e deixam de aguardar de Deus o seu favor. Minha palavra a você é: Nunca desista! Persevere! Prossiga! Avance, apesar das críticas. Continue apesar das incompreensões. Coloque ainda mais o pé no acelerador, apesar da falta de discernimento espiritual das pessoas à sua volta ou mesmo daquelas que estão investidas de autoridade sobre sua vida.

Eu diria, ainda, que você precisa alimentar seu coração não com as vozes difusas dos arautos do pessimismo nem com as declarações céticas dos profetas da incredulidade. Você precisa alimentar sua mente com as promessas de Deus. O Senhor vela pela sua própria palavra para a cumprir. Deus é o avalista de suas próprias promessas. O que Deus prometeu, Ele vai cumprir. Quando Deus decide fazer, ninguém pode impedir sua mão de agir.

Por fim, você deve parar de chorar e de lamentar e passar a descansar na fidelidade de Deus. Ele é soberano. Ele tem o controle do universo. Ele conhece você, ama você e tem sua vida sob total controle. Se

Ele está permitindo você passar por um vale de prova é porque tem um propósito nisso. As provas de Deus não vêm para nos destruir, mas para tonificar as musculaturas de nossa alma. Então, volte a sorrir, volte a cantar, volte a crer. Se você está vivo, um milagre de Deus pode acontecer em sua vida hoje. Minha vida é uma evidência disso. Nunca deixe de crer. Nunca desista de sonhar. Enquanto Deus for Deus, sempre haverá esperança!

Ah, eu não posso deixar de compartilhar com você que a gratidão desemboca na adoração. Minhas lágrimas foram transformadas em sorrisos, minha amargura de alma em folguedo e minhas lamentações em cântico de louvor. Eu compus um cântico ao Senhor. Nesse cântico eu exaltei a Deus pelos seus atributos excelentes. Ele é o grande EU SOU, o Deus incausado, mas a causa de todas as coisas. Ele é incomparavelmente santo e sem paralelos em seu poder. Ele é o detentor de toda a sabedoria que a tudo vê e a todos sonda.

Ele é o Deus que vira a mesa da história: humilhando os poderosos e fortalecendo os fracos. Ele deixa o farto com fome e o faminto saciado. A mulher estéril gera filhos e a fértil perde a força para conceber e dar à luz. Na verdade, Deus é quem dá a vida e tira a vida. Ele faz descer à sepultura e faz subir. Ele empobrece e enriquece, abaixa e exalta. É ele quem levanta o homem do pó e o coloca no trono. Na presença desse Deus onipotente e onisciente, as máscaras humanas caem, pois ele sabe distinguir o piedoso do perverso. Nossa força está em Deus. É ele quem desbarata os nossos inimigos e nos dá vitória.

Minha palavra a você, portanto, é: nunca perca a esperança de ver seus sonhos realizados. O impossível dos homens é possível para Deus. Ele pode tudo quanto ele quer. O que ele fez em minha vida, pode fazer também na sua!

VÁ DIRETO À FONTE

1Samuel 1:1—2:11

5 EU SOU JABEZ

Eu sou Jabez. Meus ancestrais recuam à renomada família de Jacó. Sou descendente de Judá, filho de Jacó e Lia, a tribo de onde procederam reis e a mesma tribo de onde haveria de vir o Messias.

O nome de meu pai e de minha mãe não foram mencionados na Bíblia, mas há um destaque ao meu nome. Recebi o nome de Jabez, não porque minha mãe achou esse nome bonito, muito pelo contrário. Meu nome haveria de perpetuar o sofrimento de minha mãe com sua gravidez.

Fui considerado mais ilustre que meus irmãos. Esse destaque é devido à minha reação à realidade que me foi imposta. Quando minha mãe estava grávida, e eu crescendo no seu ventre, ela sofreu muito. Sua gravidez foi de alto risco. Ela arriscou a vida para eu nascer. Ela me deu à luz em meio a dores, muitas dores.

Quando eu nasci, ela colocou em mim o nome de Jabez. Seu objetivo era erguer um monumento ao seu sofrimento. Minha vida toda deveria refletir essa realidade amarga do sofrimento de minha mãe. Eu carregaria esse fardo por toda a minha existência. Eu sei que minha mãe não fez isso por maldade, para carimbar e lacrar minha vida. Ela queria apenas dizer para as gerações futuras, que ao fazer opção pela minha vida, pagou um alto preço para eu nascer. Ela me deu à luz em meio a dores.

Preciso destacar que naquele tempo os pais davam nomes aos filhos não porque os achavam sonoros, elegantes ou mesmo porque queriam honrar uma personalidade famosa. Eles tinham significado. Representavam uma circunstância de vida. Por isso, minha mãe colocou esse nome em mim. Jabez significa "Porque com dores o dei à luz". Seria muito difícil aceitar passivamente essa decretação de sofrimento sobre mim. Sempre que alguém proferisse meu nome, eu deveria lembrar que fui o motivo do sofrimento de minha mãe. Esse fardo era muito pesado para eu carregar por toda a vida.

Deixe-me dar um exemplo de um fato semelhante que ocorreu na vida de Jacó, meu ancestral. Quando seu filho caçula nasceu, sua esposa amada, Raquel, morreu no parto. Mas antes de expirar, deu o nome de Benoni, que significa "o filho da minha dor", ao filho que nascia em meio ao sofrimento. Jacó, percebendo que seria um fardo muito pesado para o caçula carregar por toda a vida, trocou seu o nome e o chamou de Benjamim, "filho da minha destra". O próprio Deus trocou o nome de Jacó em Peniel para Israel, porque Jacó significa "enganador", "suplantador" e Israel significa "príncipe de Deus". Agora, como eu não podia trocar o meu próprio nome, troquei minha atitude. Resolvi buscar a Deus para que minha vida não fosse uma expressão de dor, mas de prazer. Não podia viver debaixo daquele rolo compressor, esmagando minha autoestima.

Essa atitude de reagir ao que me fora imposto foi vista por Deus como um ato de nobreza. Fui considerado mais nobre do que meus irmãos. Sei que isso não é mérito meu. Nunca me exaltei por isso. Apenas dispus meu coração para buscar a Deus. Nossos traumas emocionais não são resolvidos com revolta, mas com oração. Não vencemos um complexo de inferioridade com acusações aos pais, mas buscando a face de Deus. Não curamos as feridas da alma fazendo incursões pelos corredores escuros da nossa mente nem nos lançando no espaço nebuloso dos nossos sentimentos. A nossa cura está em Deus. A nossa restauração está em nos voltarmos para aquele que pode mudar nossos sentimentos e nossas circunstâncias.

Quero compartilhar com você seis atitudes que tomei para superar os dramas de minha vida.

A primeira coisa que fiz foi invocar o Deus de Israel. Eu não invoquei o espírito de meus ancestrais.

Não invoquei os ídolos pagãos. Não invoquei os deuses dos povos ao redor da nossa nação. Não invoquei as técnicas de regressão ou hipnose para desatar os nós de minha alma aflita. Eu invoquei o Deus de Israel. Ele é o único Deus vivo e verdadeiro. Ele é o criador. Foi Ele quem me enteteceu no ventre de minha mãe. Foi Ele quem me viu, quando eu era apenas uma massa informe no útero de minha mãe. Ele já me conhecia e me amava mesmo antes de eu nascer. Ele é o único que pode ouvir orações. Ele não só ouve, mas responde e quando responde as circunstâncias mudam. Ele transforma escravidão em liberdade, medo em confiança, desespero em esperança, morte em vida.

A história do meu povo sempre foi marcada pelas intervenções soberanas e milagrosas de Deus. Cresci ouvindo essas façanhas prodigiosas de Deus. Eu sabia que Ele poderia reverter a minha situação. Então, eu não me acomodei. Não joguei a toalha. Nunca entreguei os pontos. Comecei a buscar o Deus de Israel em oração, rogando a ele um sinal do seu favor.

A segunda coisa que eu fiz foi orar com confiança plena. Eu orei e disse: "Oh! Tomara que me abençoes...". Não basta orar, é preciso colocar toda a alma nessa oração. Não basta pedir, é preciso fazê-lo com fervor. Já vi muita gente orando sem entusiasmo, pedindo sem convicção, clamando sem qualquer senso de urgência. Eu não podia conviver com o estigma de ter sido a causa do sofrimento de minha mãe. Esse nome era pesado demais para mim. Eu não podia ser a expressão permanente do sofrimento de minha mãe. Minha história precisava mudar o significado do meu nome. A melhor coisa que eu podia fazer não era mudar meu nome no cartório, mas ver Deus mudando o meu futuro. Por isso, orei e orei. Minhas palavras estavam cheias de exclamação, mostrando a intensidade da minha voz e a urgência do meu anseio.

A terceira coisa que eu fiz foi pedir a bênção de Deus sobre a minha vida. Eu compreendi que não basta apenas fazer parte de uma família renomada. Sou da tribo de Judá. Da minha tribo procederam os reis que governaram o meu povo. O cetro nunca se apartou dessa tribo, pois dela haverá de proceder o Messias, aquele cujo reino nunca terá fim.

É claro que não posso viver apenas do passado. Não posso construir minha vida nem delinear meu futuro estribado na reputação dos meus antepassados. O passado é importante, mas não moro nele. Embora eu valorize a história da minha família, não sobrevivo apenas dessas lembranças. Reconheço que preciso da bênção de Deus hoje. Não posso superar minhas dores nem reverter o pesado legado que me foi imposto, respirando apenas os ares do passado. Careço de Deus hoje.

Necessito da bênção dele hoje. Quem eu sou sem a bênção de Deus? Absolutamente ninguém! Dependo dele para existir mais do que do ar que respiro. Dependo da bênção de Deus mais do que dos tesouros do mundo. As glórias desta vida são palha sem a bênção de Deus. Os troféus deste mundo ficam enferrujados sem o sorriso aprovador de Deus. As conquistas temporais, ainda que as mais expressivas, não podem aspergir minha alma com o óleo da alegria, sem a bênção do Eterno. Meu clamor pela bênção de Deus brota das profundezas da minha alma, emanam do recôndito do meu coração. Eu gritei aos céus, com todas as forças da minha alma: "Oh! Tomara que me abençoes!".

A quarta coisa que pedi a Deus foi para alargar as minhas fronteiras. Eu orei: "Oh! Tomara que me abençoes e me alargues as fronteiras". Lutei comigo mesmo para não me conformar com o pesado fardo colocado sobre meus ombros. Precisava sacudir esse peso. Tirar das minhas costas essa carga. Não poderia viver relembrando, sem pausa, as dores de minha mãe. Eu não poderia viver debaixo dessa canga pesada. Então, reagi e clamei a Deus para restaurar minha sorte e reverter esse prognóstico. Minha vida não seria um rosário de lamentos, mas uma luta por novas conquistas a cada dia. Ah, eu pedi a Deus para ter mais influência, mais recursos, mais força, mais poder, mais conquistas.

Talvez você esteja me censurando por pedir mais prosperidade. Mas, quero deixar claro que a prosperidade é excelente, quando é fruto da bênção de Deus e do trabalho honrado. O problema não é a riqueza, mas a riqueza sem Deus. O problema não é ter fronteiras alargadas, mas alcançá-las com propósitos egoístas. O problema não é ter dinheiro, mas o dinheiro nos ter. O problema não é ter o dinheiro como servo, mas ter o dinheiro como patrão. Eu estou convencido de que o conformismo, a acomodação, a falta de garra e de empreendedorismo são a razão de muitas pessoas viverem com fronteiras magras e estreitas. Ah, eu fui ousado! Eu me mexi e clamei a Deus e coloquei a mão na massa. Oração e ação caminham juntas. Orar sem agir é omissão; agir sem orar é presunção.

Mas por que eu pedi para Deus alargar minhas fronteiras? Para mostrar que não precisamos ser aquilo que as pessoas esperam que sejamos. Mesmo que nossos pais ou amigos nos carimbem com um prognóstico sombrio, Deus pode reverter a situação e abrir-nos novos caminhos. Também para mostrar que Deus responde nossas orações. Ainda para mostrar ao mundo que o Deus Todo-poderoso abre portas onde os homens não veem saída. Por fim, para colocar em nossas mãos mais recursos para fazermos o seu reino avançar e abençoar as pessoas que estiverem ao nosso alcance. A riqueza é uma bênção, quando usada não apenas para o nosso conforto e deleite, mas também para ajudar ao próximo. Por entender isso, eu pedi a Deus, com veemência, para alargar minhas fronteiras.

Acho que esse é o pedido que devemos fazer em todas as gerações. Que os estudantes, funcionários públicos, profissionais liberais, empresários, comerciantes, agricultores e todos os demais trabalhadores também peçam a Deus para terem maior influência, para fazerem a diferença onde estão plantados.

A quinta coisa que eu fiz foi pedir a Deus que a sua mão fosse sobre mim: "... que seja sobre mim a tua mão". Se você não está entendendo bem o que pedi, eu deixo claro que eu pedi a Deus proteção. Há muitos perigos na vida. Há perigos visíveis e invisíveis. Aqueles que procedem do maligno e aqueles que procedem dos homens. Aqueles que vêm de fora e aqueles que vêm de dentro. Aqueles que procedem das circunstâncias e aqueles que se originam em nossos sentimentos. Eu compreendi que não posso viver vitoriosamente sem a proteção divina. Eu não consigo nem mesmo ficar de pé estribado em minhas próprias forças. Eu sou tão frágil que minha força não passa de consumada fraqueza. Quando eu acho que estou seguro e autoconfiante, aí está minha fragilidade mais escancarada.

Nós vivemos num mundo tenebroso. Aqui não pisamos tapetes aveludados, mas caminhos espinhosos. Não vivemos numa passarela sob os aplausos dos homens, mas cruzamos desertos tórridos, atravessamos vales escuros e navegamos por mares revoltos. Em nossa jornada, do berço à sepultura, enfrentamos a carranca do diabo, o ódio do mundo e as fraquezas da carne. Sem a proteção divina sucumbimos. Sem a mão de Deus nos guiando, nos protegendo e nos abençoando não podemos cruzar a linha de chegada vitoriosamente.

Sei que haverá um tempo em que pessoas vão se levantar para dizer que a força vem de dentro de você mesmo. Que você é um gigante e só os fracos recorrerão a uma muleta existencial para vencer. Ah, eu não me deixei enganar. Estou certo de que a força não vem de dentro nem de fora, mas do Alto. Não se trata de autoajuda, mas da ajuda do alto. O meu socorro não vem de mim mesmo nem dos homens ao meu redor, mas de Deus. A minha proteção vem dele. O braço da carne é fraco demais para me manter de pé e me dar a vitória.

E você, sente necessidade de pedir a mão de Deus sobre sua vida? Você, também, precisa de proteção? Você, também, enxerga perigos à sua volta, conspirando contra você? Não hesite em buscar o socorro divino! Quando você é fraco é que você é forte, pois o poder de Deus vai se aperfeiçoar em sua fraqueza!

A sexta coisa que eu pedi a Deus foi a preservação do mal: "E me preserves do mal, de modo que não me sobrevenha aflição". Eu preciso deixar claro de que mal eu estou falando. Não estou pensando naquele tipo de mal que é o resultado natural de vivermos neste mundo. Eu sei que não podemos viver numa estufa, blindados, sem sofrer as intempéries da vida. Eu sei que não estamos numa colônia de férias nem passeando por um jardim engrinaldado de flores. Este mundo jaz no maligno. O maligno é o espírito que atua nos filhos da desobediência. Ele é o príncipe deste mundo, o príncipe da potestade do ar. Sei que nossa luta não é contra as pessoas, mas contra os esses seres espirituais malignos que buscam nos devorar. Por esta causa, eu preciso de proteção. Proteção para não cair nas armadilhas. Proteção para não sucumbir às pressões e seduções do pecado. Proteção para não me desviar do caminho da justiça. Proteção para não blasfemar contra o meu Deus com os meus lábios. Proteção para não fazer o que é mal aos olhos do Senhor. Proteção para não abrigar pensamentos perversos em minha mente nem deixar meu coração azedar por causa dos revezes da vida.

Onde o maligno põe sua mão assassina, o resultado é morte e aflição. Onde alguém dá a ele uma brecha, ele entra e faz um estrago. Onde ele ciranda com as pessoas, a consequência é muito choro e muita dor.

Eu preciso da proteção de Deus para livrar-me do maligno. Meu cálice será aflição a não ser que Deus me cubra e proteja-me debaixo de suas asas. Não posso proteger a mim mesmo. Não posso confiar em refúgios humanos. Preciso do abrigo do Onipotente.

Eu fico olhando ao meu redor e vendo tanta gente sorvendo o cálice amargo da aflição! Nem sempre eu consigo explicar por que algumas pessoas sofrem tanto. Outras vezes, eu acho que muitos sofrem porque estão colhendo o que plantaram. Nesse cenário tão pardacento, eu tomei a decisão de orar ao meu Deus e pedir a ele para me livrar do maligno e me poupar da aflição. E você, tem feito também esse pedido a Deus?

Eu quero compartilhar com você algo maravilhoso. Depois de alçar aos céus os meus veementes pedidos, agora quero que você se alegre comigo, com a resposta que recebi de Deus. Abra bem seus ouvidos para escutar: "... e Deus lhe concedeu o que lhe tinha pedido". Ouviu bem? Deus me concedeu tudo o que eu pedi a ele. Nenhuma das minhas orações foi indeferida. Deus viu a minha aflição, sondou as motivações do meu coração e abriu as comportas do céu para me dar o que eu pedi.

Ah! Como Deus é bom. Ele é o Deus que vê, o Deus que ouve e o Deus que intervém. A oração não é para os fortes, mas para os fracos que recorrem à onipotência divina. A oração é a força mais poderosa da terra, pois une a fraqueza humana à onipotência divina. A oração conecta o altar da terra ao trono do céu. A oração aciona o braço do Onipotente e move a mão daquele que está no trono e faz todas as coisas conforme o conselho da sua vontade. Pela oração o povo de Deus tem triunfado ao longo dos séculos. Pela oração o mar vira estrada seca para nossos pés, a rocha torna-se manancial para nos dessedentar, o deserto um pomar frutuoso. Pela oração, as chamas perdem seu poder e os leões ficam de boca fechada. Pela oração os famintos são alimentados, os enfermos são curados e os mortos ressuscitam. Oh, pela oração eu vi minha vida sendo transformada, meu futuro sendo redesenhado e minha influência sendo ampliada.

Deus restaurou minha sorte, e como uma tamareira viçosa no deserto, eu floresci para dar muitos frutos. E você, quer agora mesmo colocar sua vida nas mãos de Deus? Ele nunca mudou. O que ele fez, ele pode fazer de novo. Clame a ele, e veja suas maravilhas também em sua vida!

VÁ DIRETO À FONTE

1Crônicas 4:9,10

6 EU SOU JÓ

Eu não sou uma lenda, como alguns pensam. Sou uma pessoa real, vivi num tempo real, numa geografia real, a terra de Uz, e tive experiências reais. Minha história é uma das mais emocionantes de todos os tempos. Sou um símbolo do sofrimento humano. Poucas pessoas suportariam o que eu passei, e passei sem blasfemar contra Deus.

Eu vivi nos primórdios da história, mas minha saga tem sido contada através dos séculos e inspirado milhões de pessoas mundo afora. Permita-me compartilhar com você alguns lances da minha vida. Eu era um homem muito rico, o maior de todos os do Oriente. Tinha muitos bens: ovelhas, camelos, juntas de bois, jumentas e numeroso pessoal a meu serviço. Na verdade, eu era o homem mais rico da minha geração. Minha mulher e eu tivemos dez filhos, sendo sete homens e três mulheres. Eles cresceram bebendo o leite da piedade e cercados de todo o conforto que eu podia lhes oferecer. Cresceram juntos num lar regado de amor e devoção. A despeito de terem tudo que seus olhos desejavam, nunca lhes faltou companheirismo. Eram amigos uns dos outros e sempre celebravam juntos as suas alegrias e vitórias.

Apesar de serem adultos e cada um deles ter sua vida independente, eu sempre fui um pai muito preocupado com a vida espiritual deles. Nunca deixei de orar por eles, às madrugadas, de chamá-los e exortá-los a andarem com Deus. Minha maior preocupação não era propriamente com a reputação deles diante dos homens, mas com a piedade deles diante de Deus. Eu oferecia, constantemente, holocausto por todos eles e, assim, zelava pela vida espiritual deles. Essa era a minha missão principal, a paternidade responsável.

Sempre levei Deus a sério. Meu relacionamento com Deus e com os homens era pautado pela santidade. Afastava-me sempre do mal, uma vez que o temor de Deus era a marca de minha vida. Deus me fez enriquecer. Tudo em que eu colocava a mão dava lucro. Eu me enriqueci com a bênção de Deus e com o trabalho honesto. Aprendi desde o cedo a ser um homem generoso. Eu sempre amei o próximo e cuidei das pessoas mais necessitadas. Eu era as pernas dos aleijados e os olhos dos cegos. Eu nunca fui um homem avarento. Meus bens estavam a serviço de Deus e do próximo. Jamais deixei que o orgulho subisse à minha cabeça nem dei guarida à impureza no meu coração. Sempre fui fiel à minha esposa. Minha vida caminhava de vento em popa, sob a bênção do eterno. Parecia até que Deus havia colocado uma cerca alta de proteção ao redor da minha família.

Ah, mas houve um dia em que uma tempestade súbita e devastadora atingiu a minha vida. De repente, sem que eu pudesse entender o que estava acontecendo, minha grande fortuna foi dissipada. Homens maus, oriundos dos sabeus e dos caldeus se voltaram contra mim para pilhar minhas propriedades e roubar meus rebanhos. Meus bens foram saqueados e o que restou, fogo caiu do céu e queimou as ovelhas e os servos. Eu perdi tudo. Fui à falência. Minha vida financeira colapsou. Foi um golpe muito duro. De um dia para o outro, estava pobre, completamente pobre, depois de ser um homem rico, e o mais rico.

Eu não tinha noção do que estava acontecendo no andar de cima, nas chamadas regiões celestiais. Deus estava me provando e colocando sua própria reputação em minhas mãos. Satanás havia insinuado que eu só servia a Deus por interesse e que Deus precisava me subornar com bênçaos para receber minha adoração. Satanás chegou a dizer que eu não podia amar mais a Deus do que o dinheiro e do que a minha família. Satanás, afrontosamente, disse para Deus que se ele tirasse de mim o que havia me dado, eu blasfemaria na sua face. Deus me conhecia e permitiu Satanás tocar nos meus bens e nos meus filhos. Deus só não lhe deu permissão para tirar minha vida. É claro que Deus estava dizendo com isso que Satanás é um ser limitado, e limitado por Deus. Ele só pode ir até onde Deus o permite ir e nem um centímetro a mais.

Satanás esperava que eu fosse blasfemar contra Deus, mas ao receber a notícia de que tinha perdido tudo, eu disse, suficientemente alto para todos escutarem, que eu tinha saído nu do ventre de minha mãe e nu eu voltaria. Eu não tinha trazido nada nem levaria nada. Estava bradando do alto dos eirados e aos ouvidos do mundo que o dinheiro não era a razão da minha vida. Na verdade, estava proclamando que adorava a Deus não pelo que Ele me dava, mas por quem Deus era. A primeira tese de Satanás estava derrotada. Deus e não o dinheiro estava no trono do meu coração.

No entanto, o golpe mais doloroso veio quando fui informado de que meus dez filhos estavam festejando na casa do meu primogênito, quando um vendaval medonho atingiu a casa a ponto de ela ruir e cair sobre eles. Nenhum dos meus filhos escapou daquela tragédia. Você não imagina a dor que senti. Depois de uma amarga falência financeira, estava eu, agora, sendo golpeado por uma dor ainda maior, uma dor indescritível, a dor de sepultar meus dez filhos num único dia. O que eu fiz? Blasfemei? Não, eu rasguei meu manto, rapei minha cabeça, lancei-me em terra e adorei ao Senhor, dizendo: "O Senhor o deu e o Senhor o tomou; bendito seja o nome do Senhor!". Venci mais essa tese de Satanás. Provei que adorava a Deus não por aquilo que Ele me dava, mas por quem Deus era.

Muitos não podiam acreditar que eu pudesse me recompor e me levantar do luto e das cinzas. Satanás estava esperando que da minha boca saíssem palavras de blasfêmia contra Deus, por causa dessa providência carrancuda. Bendito seja Deus, eu pude provar para as gerações que meu amor por Deus era maior do que o meu amor pelos meus filhos. Eu pude demonstrar para anjos, demônios e homens que eu adorava a Deus pelo seu caráter e não pelas suas dádivas.

Satanás estava determinado a me ver cair. Ele queria, com isso, macular a honra do próprio Deus. Então, sugeriu que ninguém pode amar a Deus mais que a si mesmo; assim, se Deus tocasse em meus ossos e na minha carne, eu blasfemaria contra Ele. Ah, Deus mais uma vez colocou a defesa de sua reputação em minhas mãos e permitiu a Satanás tocar em meus ossos e na minha carne, mas não lhe permitiu tirar minha vida.

Com a permissão divina, sem que eu soubesse desses acontecimentos, Satanás colocou em mim uma doença maligna, com chagas abertas da planta dos pés ao alto da cabeça. Minha pele foi atacada por manchas avermelhadas. Meu corpo começou a arder. A pele foi ficando esbraseada e escamosa, e as manchas vermelhas foram ficando enegrecidas. Bolhas cheias de pus foram se formando por todo o meu corpo. A dor era alucinante. Eu não tinha um minuto sequer de alívio. Atordoado pela dor, comecei a raspar a pele necrosada com um caco. Novas bolhas cheias de pus iam surgindo e eu mordia nelas para tentar aliar aquele tormento medonho. Fiquei desfigurado: magro, magérrimo, macérrimo, de couro furado pelas costelas em ponta. Meu corpo virou uma ferida da cabeça aos pés. Eu era uma carcaça humana, uma chaga aberta, um aborto vivo. A única coisa que me alimentava eram minhas lágrimas. Minhas noites eram cheias de pesadelo e terror.

O meu corpo cheirava mal. As pessoas passavam por mim e meneavam a cabeça. Minha mulher, ao ver a enormidade da minha dor, não aguentou. Disse para eu amaldiçoar a Deus e morrer. Ela não podia aceitar tanto mal sobrevindo sobre minha vida. É claro que eu não cedi ao seu apelo nem sucumbi à sua fraqueza. Fui firme e a confrontei. Disse a ela que lhe faltava nesse momento bom senso. Tínhamos recebido o bem de Deus e agora eu estava pronto a suportar também o mal. Eu não pequei contra Deus com os meus lábios.

Eu estava demonstrando diante do mundo inteiro que eu amava mais a Deus do que a mim mesmo. As teses de Satanás eram todas mentirosas. Eu sempre adorei a Deus por quem ele é e não pelo que ele havia me dado.

O meu sofrimento tornou-se tão notório, que três dos meus amigos — Elifaz, Bildade e Zofar — vieram, em comum acordo, condoer-se comigo. Quando eles me avistaram de longe, não me reconheceram. Eles rasgaram suas vestes e jogaram pó sobre a cabeça. Eles sentaram-se comigo na terra, choraram sete dias e sete noites e nada falaram comigo nesse tempo, porque viram que a minha dor era muito grande.

Esses amigos, porém, no silêncio daqueles sete dias e noites começaram a conjecturar e concluíram que ninguém podia sofrer tanto sem que houvesse uma causa. Ao verem meu sofrimento atroz, imaginaram que eu devia ter praticado coisas horríveis contra Deus e o próximo. Eles não só pensaram, mas também falaram, e falaram para mim, lançando sobre mim graves e pesadas acusações. Chamaram-me de adúltero. Taxaram-me de ladrão. Gritaram, dizendo que eu era louco. Agravaram o meu luto, dizendo-me que Deus havia matado os meus filhos por causa da minha loucura. Chegaram até a dizer que eu tinha ficado rico porque tinha roubado dos órfãos e das viúvas. Meus amigos foram impiedosos comigo. Eles cravejaram-me com suas setas venenosas e passaram sobre mim o rolo compressor de suas acusações levianas.

Os meus amigos vieram para ser um bálsamo para as minhas feridas, mas se tornaram vinagre. Eles vieram para ser consoladores, mas se tornaram acusadores. Chamaram-me de ladrão, adúltero, louco e corrupto. Eles vieram para chorar comigo, mas se tornaram consoladores molestos. Em vez de aplicarem em minhas feridas o óleo terapêutico do consolo, aplicaram o vinagre do tormento.

Diante de tanta dor e de tanta insensibilidade dos meus amigos, que me acusavam, sem pausa, com rigor desmesurado, e me atacavam com armas de grosso calibre, a única coisa que me restou foi me defender. Na verdade, eu fiz três coisas: fiz perguntas, fiz queixas e me defendi. Eu levantei aos céus dezesseis vezes a mesma pergunta: Por quê? Por quê? Por quê? Por que a minha dor não cessa? Por que eu não morri no ventre da minha mãe? Por que eu não morri ao nascer? Por que os seios da minha mãe não estavam murchos de leite para eu morrer de fome? Por que Deus não me mata de uma vez? Eu fiz trinta e quatro queixas contra Deus. Eu abri a caverna dos horrores de minha alma. Eu destampei o poço do meu coração. Eu não me calei. Gritei das profundezas da minha alma. Exprimi o pus das minhas feridas emocionais.

Diante da minha voz embargada de choro e dos meus gemidos pungentes, para meu espanto, Deus ficou em total silêncio. Ele não respondeu nenhuma das minhas perguntas e nenhuma das minhas queixas. Não tive nenhuma explicação. Os céus estavam de bronze. Preciso admitir que o silêncio de Deus gritou mais alto nos ouvidos da minha alma do que o barulho mais ruidoso das circunstâncias mais adversas. Na verdade, eu fiquei mais atordoado com o silêncio de Deus do que com o meu próprio sofrimento. Preciso confessar que pior do que sofrer, é sofrer sem explicação.

Refletindo um pouco melhor sobre a minha situação, percebo que sofri cinco golpes muito violentos. Pouca gente suportaria essa faca afiada rasgando sua carne. Qualquer dessas áreas ao serem atingidas nos deixam desestabilizados. Essas áreas são colunas de sustentação da vida. Que áreas são essas? A vida financeira, os filhos, a saúde, o casamento e as amizades.

O primeiro golpe que eu sofri foi a perda dos meus bens. Sendo o homem mais rico do Oriente, quebrei. Fui à lona. Perdi tudo. Decretei falência. Minhas economias entraram em colapso. Muitas pessoas ao perderem seus bens sofrem um colapso emocional. Outras, perdem a esperança. Outras, ainda, se revoltam contra Deus. Há aquelas que chegam mesmo a ceifar a própria vida.

O segundo golpe que sofri foi a morte dos meus filhos. Não é natural pai sepultar filhos. Meus filhos furaram a fila. Eles deveriam me sepultar e não eu a eles. Eu quase enlouqueci de tanto chorar e sofrer. A minha dor foi indescritível. Sepultei meus dez filhos num único dia. Parecia que o mundo tinha desabado sobre a minha cabeça. Não foi fácil voltar do cemitério para recomeçar a vida. Não foi fácil levantar-me das cinzas. Eu estava completamente atordoado. Não conseguia entender como tantas tragédias sobrevinham a mim ao mesmo tempo. Tinha mais perguntas do que respostas. Tinha apenas dor e nenhum alívio.

O terceiro golpe que sofri foi a enfermidade que assolou o meu corpo. Fiquei enrugado, desfigurado, chagado. Eu me tornei uma pessoa irreconhecível. Meu hálito era insuportável. Todos que me conheciam me desconjuravam. Virei um espectro humano, uma chaga aberta, uma ferida viva. As pessoas sentiam nojo de mim. Todos me abandonaram. Eu era um ser repugnante, nauseabundo, apodrecendo em vida.

O quarto golpe que sofri aconteceu quando minha mulher, não suportando mais a pressão de tanto sofrimento, gritou comigo, para eu abandonar minha integridade, amaldiçoar a Deus e morrer. Minha mulher jogou a toalha. Ela desistiu. Em vez de ficar do meu lado, para ser uma aliviadora de tensões, ela agravou meu sofrimento, tentando me desviar de Deus. Quando mais precisei dela, ela virou as costas para Deus e me deu um conselho insensato. Foi muito doloroso perceber que minha única escora humana estava ruindo. Minha mulher fraquejou, sucumbiu à dor e blasfemou contra Deus.

O quinto golpe que sofri foi a acusação leviana dos meus amigos. Eles foram impiedosos comigo. Não me pouparam nem respeitaram minha dor. Vieram para me consolar e se tornaram meus acusadores. Ah, como doeu perder os meus bens, enterrar os meus filhos, perder minha saúde, perder o apoio da minha mulher e ser alvo da acusação dos meus amigos. Eles me chamaram de ladrão, adúltero, louco, corrupto. Cravejaram-me com suas setas cheias de veneno. Passaram sobre mim com o rolo compressor da calúnia mais impiedosa. Suas palavras foram ácidas, cortantes e esmagadoras.

Depois de tantas perdas eu fui parar no fundo do poço. Eu havia perdido quase tudo. Só uma coisa eu não perdi: a minha fé, a certeza de que o meu Senhor estava vivo e que eu podia confiar nele. Eu cheguei a dizer para Deus que mesmo que ele matasse, eu confiaria nele. Então, quando eu estava nas profundezas, no abismo mais escuro da minha aflição, eu arranquei das profundezas do meu coração, um brado de esperança: "Porque eu sei que o meu Redentor vive e por fim se levantará sobre a terra. Depois, revestido este meu corpo da minha pele, em minha carne verei a Deus. Vê-lo-ei por mim mesmo, os meus olhos o verão, e não outros; de saudade me desfalece o coração dentro em mim". Eu sabia que Deus era poderoso para inspirar canções de louvor nas noites mais escuras da alma. Eu sabia que Deus poderia me levantar das cinzas e mudar minha sorte. Então, firmado na âncora da esperança, eu gritei e gritei!

E, para meu espanto, Deus rompeu o silêncio e começou a falar comigo. Porém, ele não respondeu a nenhuma das minhas perguntas nem mesmo a minhas queixas. Ao contrário, ele me fez dezenas de perguntas, todas retóricas. Ele abriu as comportas do céu e derramou sobre mim torrentes da sua glória e da sua majestade. Ele me mostrou seu poder incomparável, sua majestade insondável, seu plano soberano, sua sabedoria indescritível. Ele me perguntou onde eu estava quando ele lançava os fundamentos da Terra. Perguntou-me onde eu estava quando Ele espalhava as estrelas no firmamento. Perguntou também onde estava quando Ele cercava as águas do mar para não invadirem a Terra. Deus foi me mostrando sua grandeza, sua majestade e seu poder e eu fui me encolhendo diante de sua glória excelsa e de sua majestade colossal. Eu estava extasiado com a grandeza de Deus!

Depois desse jorro de luz divina, dessas torrentes caudalosas de sua revelação, compreendi cinco verdades que mudaram minha vida e pavimentaram o caminho da minha cura e da minha restauração.

A primeira coisa que compreendi é que Deus é onipotente e não há para ele nenhuma coisa demasiadamente difícil. Deus tudo pode. Eu tenho fraquezas intransponíveis: Tenho fraquezas físicas. A doença golpeou o meu corpo. Tornei-me um espectro humano. Meu corpo ficou completamente chagado e desfigurado. Meu corpo se tornou uma ferida viva. O tempo esculpiu em meu rosto rugas indisfarçáveis. O tempo me deixou com as pernas bambas, com os joelhos trôpegos, com as mãos descaídas e com os olhos embaçados.

Tenho, também, fraquezas morais. Eu não consigo ficar de pé escorado do bordão da autoconfiança. Sou fraco demais para enfrentar vitoriosamente a carranca do diabo, o ódio do mundo e as fraquezas da carne. O pecado me atrai e me seduz. Se Deus não segurar firme a minha mão eu caio e pereço.

Eu tenho, ainda, fraquezas emocionais. Minha vida nesses últimos tempos foi um rosário de lágrimas. O que eu fiz foi chorar e chorar. Minha vida tem sido um vale de lágrimas, uma sinfonia de soluços, um teatro de gemidos. Minhas noites têm sido tenebrosas.

Passo as madrugas insones, sem pregar os olhos, ansiando por um alvorecer que só traz em suas asas mais dor e sofrimento.

Por fim, eu tenho fraquezas espirituais. A despeito de eu ser um homem temente a Deus o pecado me assedia tenazmente. O bem que eu desejo fazer eu não consigo fazer e o mal que eu detesto, acabo praticando. Preciso admitir, porém, que muitas dessas fraquezas eu só consegui perceber quando Deus, na sua majestade e glória, manifestou-se a mim. Diante da luz da santidade de Deus pude ver com mais clareza a escuridão do meu coração e a hediondez dos meus pecados.

O que me traz consolo a despeito dessas fraquezas é saber que o meu Deus tudo pode. Ele é o criador, provedor, redentor, consolador e restaurador. Minha vida não está solta, ao léu, jogada de um lado para o outro ao sabor das circunstâncias. Meu destino está nas mãos daquele que está assentado no trono e tem as rédeas da história em suas mãos.

A segunda verdade que eu compreendi é a soberania dos propósitos de Deus. Nenhum dos planos de Deus pode ser frustrado. O meu Deus nunca é pego de surpresa nem fica em apuros. Ele não usa rascunho para fazer os seus planos. Seus propósitos não precisam de atualização. Ele enxerga na curva. Para ele luz e trevas são a mesma coisa. Ele vê o futuro no seu eterno agora. Seus planos são eternos e perfeitos e não precisam de revisão. Ele não precisa buscar conselhos para tomar decisão. Ele é a fonte de todo o saber. Todos os tesouros da sabedoria estão escondidos nele. Não existe acaso nos propósitos divinos. Por isso, eu não creio em sorte nem em azar. Não acredito em determinismo cego nem em misticismo. O que eu creio é que Deus está no trono e dirige o meu destino. Se eu estou passando por essa prova é porque Deus tem um propósito glorioso. Ele não desperdiça sofrimento na vida de seus filhos. Deus está me provando para me aprovar. As tempestades não vieram para me destruir, mas para tonificar as musculaturas da minha alma. Essa é a âncora da minha esperança. Em Deus em ponho a minha confiança. Eu vou me abrigar debaixo das asas do Onipotente até que passem todas essas calamidades.

A terceira verdade que eu compreendi foi minha profunda limitação. Eu falei do que eu não entendia; coisas maravilhosas demais para mim, coisas que eu não conhecia. Nesse tempo de aflição, com perdas tão grandes e com dores tão profundas eu perguntei, eu me queixei e eu me defendi. Eu não cerrei meus dentes estoicamente num conformismo doentio. Eu exprimi o pus das minhas feridas emocionais. Eu alcei aos céus a minha voz. Eu busquei explicação e abri as comportas da minha alma para derramar minhas queixas e gritar por socorro. Nesses queixumes e lamentos, nessas perguntas e defesas eu falei muita coisa. Muitas delas sem compreensão e discernimento. Eu compreendi que o sábio é aquele que sabe que não sabe. O que eu não sei é maior do que o que eu sei. Então, quanto mais eu sei, mais sei que eu não sei tudo o que devo saber. O conhecimento da majestade de Deus me ajudou a ver a mim mesmo. As escamas caíram dos meus olhos e eu pude ver quão limitado eu sou, quão pequeno eu sou e quão dependente de Deus eu sou. Pode ter certeza, é impossível estar na presença de Deus e ter o nariz empinado, o peito estufado, movido pelos ventos do orgulho. A soberba é uma consumada tolice. Só aqueles que não conhecem a Deus nem a si mesmos podem se envaidecer. É lata vazia que faz barulho. É restolho que só tem palha e sabugo. Os sábios são humildes. Os que mais sabem, sabem que quase nada sabem.

A quarta verdade que eu compreendi é o meu limitado conhecimento de Deus. Reconheci que eu conhecia a Deus só de ouvir; agora, porém, os meus olhos o estavam vendo. Talvez você esteja perguntando: Como pode ser isso? Não foi Deus quem disse que você era um homem singular, íntegro, reto, temente e que se desviava do mal? Não foi você quem provou para o mundo inteiro que amava mais a Deus do que o dinheiro, a família e a si mesmo? Como você pode afirmar, agora, que só conhecia a Deus de ouvir falar e só agora você o conhece intimamente?

Permita-me explicar, fazendo-lhe uma pergunta? Você conhece a Deus? Quanto você o conhece? Um homem que vê o mar pela primeira vez pode dizer que conhece o mar, mas quando um marujo diz que conhece o mar, isso é diferente, não é? Então, quanto você conhece a Deus? O próprio significado da vida eterna é conhecer a Deus. Então, por toda a eternidade vamos conhecê-lo e nunca haverá um tempo nos milênios sem fim no qual possamos dizer: "Agora eu conheço totalmente a Deus". Isso é absolutamente impossível. Deus é inesgotável em seu ser. Nem mesmo a eternidade será suficiente para esgotarmos o conhecimento de Deus. Preciso conhecer e prosseguir em conhecer ao Senhor. Conhecê-lo, amá-lo, glorificá-lo, desfrutá-lo é o fim principal da minha própria vida.

A quinta e última verdade que eu compreendi é que, ao contemplar a majestade de Deus, reconheci a enormidade do meu pecado. Ao ver o Senhor em seu esplendor, abominei a mim mesmo e me arrependi no pó e na cinza. É claro que você pode estar mais uma vez me questionando e insinuando que essa confissão não fica bem nos lábios de um homem que foi enaltecido pelo próprio Deus. Mas, deixe-me dizer-lhe algo: As pessoas que mais choram pelos seus pecados não são aquelas que mais pecam, mas aquelas que mais perto do Senhor andam. Quem vive longe de Deus não tem consciência de seus pecados. Vive em um breu existencial, num mundo envolto em densas trevas. Mas, quem anda na luz, esse vê as manchas e nódoas de suas transgressões manchando a sua vida. Esse sente pesar pelo pecado e chora por ele. As pessoas mais piedosas são aquelas que mais sentem tristeza pelas suas transgressões.

Oh, que experiência bendita eu estou tendo com o meu Deus! Minha dor ainda é lancinante. Meu corpo ainda está chagado. Minhas lágrimas ainda rolam pelo meu rosto. As circunstâncias não mudaram, mas mudou o meu entendimento, a minha compreensão. Agora eu me vi sob a ótica da soberania de Deus. Eu sei que ele tem coisas grandes a fazer para mim, em mim e através de mim. Eu sei que ele trabalha por mim e não contra mim. Eu sei que ele está trabalhando para que todas as coisas cooperem para o meu bem.

Preciso compartilhar algo maravilhoso com você. O dia da virada. O dia que Deus mudou o placar da minha vida. O Senhor restaurou a minha sorte enquanto eu orava pelos meus amigos. O Senhor me deu o dobro de tudo o que antes eu possuíra. Você quer saber a razão disso? É que até aquele momento eu estava na trincheira da autodefesa, das perguntas ácidas, dos queixumes lamentosos. Meu coração estava tomado de dor, mágoa e tristeza. Então, eu saí da arena da mágoa para a brecha da intercessão. Eu comecei a orar pelos homens que me acusaram. Eu comecei a interceder a Deus pelos meus amigos que haviam me cravejado com setas venenosas. Eu tirei o foco de mim mesmo e passei a lutar em favor dos meus amigos diante de Deus. Posso lhe garantir que é impossível orar por alguém e sentir mágoa dessa pessoa ao mesmo tempo. Na medida que fui orando pelos meus amigos, fui sentindo amor e compaixão por eles. Ah, isso trouxe alívio para minha mente, paz para a minha alma e cura para o meu corpo. Foi ali, na brecha da oração, que Deus me curou, me restaurou e mudou minha sorte.

Quero ainda dizer a você que Deus restaurou as cinco áreas que Satanás tentou destruir na minha vida. O grande arqui-inimigo de Deus e de nossa alma queria me colocar longe do Senhor, e a única coisa que conseguiu foi me colocar mais perto de Deus. Sabe por quê? Porque os planos de Deus não podem ser frustrados. Permita-me relatar isso em detalhes.

A primeira área que Deus restaurou foi minha saúde. Ele me curou, e de forma completa. Não ficou nenhuma cicatriz nem sequela. Meu vigor foi plenamente restaurado. Eu desfrutei de anos venturosos. O melhor do meu passado tornou-se medida mínima do que Ele fez em mim e por mim dali para frente. Vivi mais cento e quarenta anos e tive a alegria de ver meus filhos e os filhos de meus filhos até quarta geração.

A segunda área restaurada foi minhas finanças. Deus restitui-me em dobro tudo quanto eu possuíra. No começo eu era o homem mais rico do Oriente; agora, eu sou duplamente o mais rico. A minha cura e a minha fortuna eram provas incontestáveis da providência de Deus em minha vida. Ele é o médico dos médicos; e, também, o Deus da restituição.

A terceira área que Deus restaurou foi minhas amizades. Deus me honrou, pois disse para meus amigos que eles deveriam vir a mim, para eu orar por eles. O homem a quem eles acusaram seria o intercessor deles. Deus escutaria a minha oração em favor deles e não a oração deles mesmos. Esse episódio me ensinou que nós não precisamos nos defender, precisamos andar com Deus, pois quando andamos com Deus, Ele mesmo nos defende. Quando cuidamos da nossa piedade, Deus cuida da nossa reputação. Quando andamos com Deus, aqueles que nos criticaram terão que voltar a nós e mudar de opinião a nosso respeito. Meus amigos foram restaurados por Deus e Ele me usou para ser o instrumento dessa restauração.

A quarta área que Deus restaurou foi o meu casamento. Minha mulher também foi restaurada por Deus. O Senhor mudou sua mente, transformou seu coração e nos uniu de novo para um novo projeto de vida. Deus pegou os cacos e fez um vaso novo. O Senhor é especialista em restaurar relacionamentos quebrados. Deus tirou do meu coração toda a dor e tristeza em relação à minha mulher. Ela me aconselhou a deixar de lado minha integridade, amaldiçoar a Deus e morrer. Deus, também, restaurou a alma dela e colocou em nosso coração e desejo de reconstruir nossos sonhos e recomeçar nossa família. O passado não se tornou um fantasma em nossa vida. Deus curou nossas memórias amargas e nos fez sorrir dali para frente.

A última área que Deus restaurou foi minha descendência. Eu tinha sete filhos e três filhas. Agora, Deus me abençoou e me deu novamente sete filhos e três filhas. Minhas filhas eram as moças mais bonitas de toda a região. Talvez você pergunte por que Deus não deu em dobro os filhos, como fez com os bens. Na verdade, ele deu. Quando um filho morre, você não perde esse filho. Você só perde alguém quando não sabe onde a pessoa está e com quem ela está. Eu sei que meus filhos estão no céu e estão com Deus. Eu não perdi meus filhos. Agora, tenho dez filhos no céu e dez filhos na Terra. Deus restituiu completamente. Deus reverteu o cenário cinzento de minha vida. Satanás queria me destruir, mas Deus segurou firme a minha mão e me restaurou.

Permita-me dizer-lhe que Deus me restaurou e me restituiu o que me havia sido tirado, mas nunca me explicou os motivos desses acontecimentos. Não importa! Nem sempre Deus promete explicação. Ele, com certeza, promete restauração. Talvez você argumente comigo que ao chegar ao céu você levará consigo uma lista de perguntas. Deixe-me dizer-lhe que isso não será necessário. O céu é autoexplicativo. Lá no céu nossas perguntas serão respondidas automaticamente. Nossa leve e momentânea tribulação produzirá para nós eterno peso de glória. Os sofrimentos do tempo presente não podem ser comparados com as glórias que nos serão reveladas. Então, acalme seu coração e viva hoje de forma maiúscula e superlativa, na dependência da graça, para o louvor da glória de Deus. Eu sou testemunha dessas coisas. Eu sou Jó.

VÁ DIRETO À FONTE

Jó 1—42
Tiago 5:11

7 EU SOU NEEMIAS

Eu sou Neemias, o governador de Jerusalém, o homem que levantou os muros da cidade, depois de cento e quarenta e dois que ela havia sido cercada, tomada, arrasada e destruída pelos caldeus.

O meu povo afastou-se de Deus e virou as costas para ele. As dez tribos do Norte, conhecidas como o reino do norte, ou Israel, já tinham sido levadas cativas pelo império assírio, quando o rei Ezequias governava em Jerusalém, no reino do sul. As duas tribos do Sul, Benjamim e Judá, não aprenderam a lição. O povo tapou os ouvidos à voz de Deus e se recusou a obedecer aos profetas do Altíssimo. Então, a Babilônia que já havia ascendido ao poder, como o mais poderoso império do mundo, enviou suas tropas para cercar Jerusalém. Foram três cercos. O primeiro em 606 a.C., o segundo em 596 a.C., e o terceiro em 586 a.C., quando a cidade foi tomada. Os tesouros do templo de Salomão foram saqueados e levados para a Babilônia antes de sua destruição. O povo foi massacrado impiedosamente.

Dentro dos muros reinaram a fome e a doença. Mais felizes foram os que morreram à espada do que aqueles que morreram de fome dentro dos muros. Foi um banho de sangue, um massacre, uma chacina. O monumental templo construído por Salomão, um palácio de mármore bordejado de ouro e pedras preciosas foi completamente arrasado até aos fundamentos. O povo foi levado cativo para um amargo cativeiro de setenta anos, e os que ficaram para trás foram reduzidos a uma pobreza humilhante.

Eu não nasci em Jerusalém. A cidade de Davi era, na verdade, a cidade do sepulcro dos meus pais. Porém, mesmo não conhecendo Jerusalém, eu sempre a amei. Sempre ouvi sobre os planos de Deus para Jerusalém. Aquela era a cidade do grande Rei.

Preciso testemunhar que mesmo minha família tendo vivido no cativeiro e mesmo tendo eu nascido em terra estranha, nunca perdi a tradição do meu povo nem a fé dos meus pais. Nunca deixei de cultivar um relacionamento íntimo com Deus. Sempre li a lei de Deus e nela meditava de dia e de noite. Por bondade de Deus, floresci onde estava plantado. A Babilônia caiu nas mãos do império Medo-Persa, mas Deus me manteve de pé. Deus me honrou, colocando-me no palácio do rei Artaxerxes. Recebi a honrosa função de copeiro do rei. Quero deixar claro que, no meu tempo, essa função era de honra incomparável, pois tinha acesso direto ao rei todos os dias.

Eu sou a pessoa da mais inteira confiança do rei Artaxerxes. Eu provo, em sua presença, o seu vinho antes dele beber, bem como sua comida antes de sua refeição. Esse cuidado é necessário, pois nos meus dias, muitos tentavam atingir o rei, envenenando sua bebida ou sua comida.

Eu estava confortavelmente instalado em minha honrosa função, servindo ao rei Artaxerxes, na cidadela de Susã, quando minha vida mudou completamente. Isso aconteceu quando recebi a visita de Hanani, um de meus irmãos, recém-chegado de Jerusalém, acompanhado de uma comitiva. Perguntei a eles pelos judeus que escaparam e que não foram levados para o exílio e acerca de Jerusalém. A resposta deles me deixou atordoado. Eles me disseram que os restantes que não haviam sido levados para a Babilônia e se achavam lá na província estavam em grande miséria e desprezo; os muros de Jerusalém estavam derribados, e as suas portas, queimadas a fogo.

Talvez você me pergunte o que esses fatos significam? Deixe-me dizer-lhe: Os muros derribados significam o colapso da segurança pública. Uma cidade sem muros, na minha época, era uma cidade vulnerável, exposta ao ataque dos inimigos. Já as portas queimadas apontam para uma cidade sem leis e sem julgamento. Os juízes julgavam o povo nas portas da cidade. O poder judiciário estava inoperante e o povo não tinha a quem recorrer em suas demandas. O povo estava, também, em grande miséria, ou seja, em pobreza extrema. Eles tinham ausência de recursos básicos e necessidade de tudo. Por fim, o povo estava em grande desprezo, ou seja, em total abandono. O descaso e o abandono são situações mais graves do que a pobreza. Ninguém se importava com o meu povo. Estavam esquecidos, amargando uma dolorosa realidade.

Depois de ouvir a comitiva procedente de Jerusalém e fazer um diagnóstico do problema, eu me assentei, chorei e lamentei por vários dias. Dediquei-me ao jejum e à oração perante o Deus dos céus. Abri meu coração ao Senhor e recorri às suas promessas. Eu pedi a Deus para atender ao meu clamor em favor dos filhos de Israel. Eu confessei os meus pecados e os pecados do meu povo, sabendo que o cativeiro e a amarga situação que perdurava eram consequências do nosso pecado. Na verdade, nós agimos corruptamente e não guardamos os mandamentos e os estatutos ordenados por Moisés. Na minha oração, agarrei-me ao que Deus já havia prometido em sua palavra e pedi ao Senhor, fiado nas suas promessas, a restauração do meu povo, o povo que ele mesmo havia resgatado com mão forte e poderosa. Eu, também, pedi a Deus para me dar graça diante do rei Artaxerxes, pois precisaria da liberação dele para ir a Jerusalém.

Quando chegou a hora de eu comparecer perante Artaxerxes, isso no mês de Nisã, no ano vigésimo de seu reinado, eu provei o vinho em sua presença e depois o dei para ele beber. Meu semblante estava muito abatido. O rei percebeu e me perguntou a razão de minha tristeza. Aproveitei o momento para dizer ao rei que estava triste porque a cidade do sepulcro dos meus pais estava arrasada e as suas portas ainda estavam queimadas a fogo. Ele me perguntou se eu tinha algum pedido a fazer. Imediatamente, eu orei ao meu Deus e disse ao rei que se ele se agradasse de mim, ele poderia me enviar a Judá, à cidade dos sepulcros dos meus pais para eu a reedificar. Artaxerxes me perguntou quanto tempo eu me ausentaria e quando estaria de volta. Combinamos um prazo e o rei me enviou, dando-me cartas para os governadores dalém do Eufrates e, também, cartas para Asafe, o responsável pelas matas do rei, bem como oficiais para me acompanharem. Então parti, tendo escolta e recursos suficientes para iniciar a obra da reconstrução dos muros de Jerusalém. Meu coração estava saltitando de alegria. Era um desafio novo em minha vida. Eu sabia que não seria fácil, mas

Deus haveria de me usar para mudar a sorte da cidade dos sepulcros de meus pais.

A notícia de que eu estava a caminho de Jerusalém com uma comitiva do império chegou até aos ouvidos de Sambalate e Tobias, os principais adversários do povo judeu, e eles ficaram muito irritados ao saber que tinha alguém interessado no bem dos filhos de Israel.

Quando cheguei a Jerusalém, fiquei ali três dias sem qualquer alarde. De noite, eu me levantei e levei comigo uns poucos homens sem falar nada para ninguém e fiz uma minuciosa inspeção na cidade. Contemplei os muros que estavam assolados e as portas que estavam queimadas. Os escombros se amontoavam na cidade, a ponto de eu não conseguir passar com o animal que eu montava. Os magistrados, os nobres, os sacerdotes e o povo não sabiam aonde eu tinha ido nem o que eu estava fazendo.

Depois que fiz um apanhado real da situação, então conclamei todos a se unirem a mim para reedificarmos os muros de Jerusalém. Disse para eles que havia chegado a hora de deixarmos de ser opróbrio. Já fazia cento e quarenta e dois anos que a cidade tinha sido destruída pelos caldeus. Para animar a todos, contei-lhes como Deus estivera comigo e como o rei Artaxerxes abrira as portas para minha viagem e me concedera escolta e recursos para a reconstrução. Para minha alegria, a adesão foi total e imediata. Todos se dispuseram a reedificar os muros e fortaleceram suas mãos para a boa obra.

Sambalate, Tobias e Gesém, os inimigos de plantão, zombaram de nós e nos desprezaram. Eles tentaram criar intriga, dizendo que estávamos nos rebelando contra o rei. Mas, eu lhes respondi que o Deus dos céus é que nos daria bom êxito e nós, os seus servos, estávamos dispostos a reedificar os muros, mas eles não teriam parte, nem direito, nem memorial em Jerusalém.

Para reconstruir os muros de Jerusalém, precisei não apenas de pessoas e recursos, mas também de estratégia. O que eu fiz? Eu coordenei a pessoas para trabalharem perto de sua casa. Assim pouparíamos tempo, recursos e no caso de haver um ataque dos inimigos, os trabalhadores já estavam perto de sua casa para defenderem prioritariamente sua família.

A segunda coisa que fiz foi buscar a cooperação de todos: os sacerdotes, os homens, as mulheres, os ricos, os pobres, os ourives e até mesmo pessoas que moravam fora de Jerusalém. Havia trabalho para todos. Havia espaço para todos cooperarem. Quando todos se envolvem no trabalho, a carga fica mais leve e os resultados são mais rápidos e expressivos. Demonstrei a eles que juntos éramos mais fortes e podíamos ir mais longe.

Para obter resultados mais promissores e buscando excelência na administração, eu lancei mão de uma terceira estratégia: a aprovação. Eu tratei cada pessoa pelo nome, valorizei a profissão e o talento de cada um. Dei destaque a quem tinha maior capacidade de trabalho e, também, enalteci quem tinha menos condições. Valorizei a todos. Apreciei o trabalho de todos.

Então, finalmente, eu fui claro na comunicação com todos os trabalhadores. Sabia que não podia falhar nessa área vital. Assim, exceto os nobres de Tecoa, todos se juntaram a nós na reconstrução. Era maravilhoso ver a motivação, a alegria e a garra com que todos trabalharam.

A obra foi feita debaixo de fogo cruzado. Não tivemos trégua. Os inimigos ouriçaram-se e tentaram de todas as formas paralisar a obra. A primeira arma que usaram foi a ira e a indignação endereçada a nós com o propósito de escarnecer dos nossos irmãos judeus.

Depois, usaram uma segunda arma: tentaram nos humilhar, chamando-nos de fracotes, dizendo que não tínhamos condições de nos reerguermos das cinzas para sacrificar ao Senhor.

Ainda, usaram uma terceira arma: a arma da chacota, dizendo-nos que o muro que estávamos levantando era tão mixuruca que, se uma raposa passasse por ele, seria derrubado.

É claro que estavam tentando mexer com nossa autoestima. A intenção deles era nos humilhar, afrouxar nossos braços e, assim, paralisar a obra. Mas, eu enfrentei todos esses ataques com oração e pedi a Deus para fazer cair sobre eles mesmos a humilhação que estavam endereçando a nós. Em vez de ficarmos desanimados com os ataques, todo o povo cobrou ânimo e todo o muro se fechou até a metade de sua altura. É claro que isso fez arder ainda mais a ira de nossos inimigos contra nós.

Todos os nossos inimigos se ajuntaram para dar curso ao intento de nos fazer parar a obra. A primeira coisa que fizeram foi se unirem e juntos virem atacar Jerusalém e suscitar confusão na cidade. O que eu fiz? Orei a Deus e coloquei guardas contra eles, de dia e de noite. Oração e ação. Joelhos dobrados e espada na mão.

Para minha surpresa, não bastasse os ataques de fora, veio uma reclamação de dentro. O povo de Judá disse que os carregadores já estavam sem forças para trabalhar, havia escombros demais e seria impossível edificar o muro. Eu sei que o desânimo é contagioso. Uma pessoa pessimista pode botar tudo a perder. Há pessoas que só veem os problemas e nunca a solução. Olham a vida sempre com óculos escuro. Sempre destacam as dificuldades e nunca as possibilidades. Eu já tinha lido a história sobre os doze espias de Israel e como o relatório negativo de dez deles levou o povo de Israel a perambular quarenta anos no deserto e morrer antes de entrar na Terra Prometida.

Não bastasse essa onda de desânimo entre os nossos trabalhadores, os inimigos à nossa volta partiram para uma segunda estratégia. Espalharam boatos de que entrariam no nosso meio, inesperadamente, e nos matariam, fazendo assim cessar a obra. A boataria deles ressoou no nosso meio como um torpedo em nosso arraial. Nosso povo ficou apavorado. As pessoas vieram a mim, cerca de dez vezes, dizendo que nossos inimigos viriam de todos os lugares onde moravam e subiriam contra nós para nos matar.

O que fazer numa hora tão delicada? Eu sabia que o líder se fortalece nas crises. Então, em vez de cessar o trabalho, eu pus o povo por famílias nos lugares baixos e abertos, por trás do muro, com as suas espadas, e as suas lanças e os seus arcos. Passei em revista a todos, inspecionei e disse aos nobres, aos magistrados e ao resto do povo para não terem medo. Encorajei-os a se lembrarem do Senhor, pois ele é grande e temível. Animei-os a pelejarem pelos seus irmãos, pelos seus filhos e filhas, pela sua mulher e pela sua casa.

Quando os nossos inimigos ouviram que nós já sabíamos de sua intenção perversa e que Deus tinha frustrado o desígnio deles, voltamos todos ao trabalho da reconstrução dos muros e das portas. Mas, como precaução nunca é demais, daquele dia em diante, estrategicamente, coloquei a metade dos meus moços trabalhando na obra, e a outra metade empunhando lanças, escudos, arcos e couraças; e coloquei, ainda, os chefes por trás de toda a casa de Judá.

Quanto aos carregadores que transportavam os materiais de construção, coloquei cada um deles com redobrada atenção. Cada um com uma das mãos fazia a obra e com a outra segurava a arma. Já os edificadores, cada um trazia a sua espada à cinta. Éramos ao mesmo tempo um batalhão de trabalho e um pelotão de defesa. Para não haver qualquer alarme falso ou precipitação na comunicação com os trabalhadores, o que tocava a trombeta estava junto de mim. Eu coordenava toda a obra, toda a vigilância e toda a comunicação. Eu sabia que não podia falhar. Um deslize só e o projeto da reconstrução entraria em colapso.

Nós tínhamos duas frentes de ação: a reconstrução dos muros e das portas e a proteção dos trabalhadores, em virtude das ameaças de nossos inimigos. Então, eu tomei mais uma providência: eu disse para os nobres, magistrados e todo o restante do povo que a obra era grande e extensa e estávamos no muro mui separados, longe uns dos outros. Por isso, no lugar em que eles ouvissem o som da trombeta, para ali deveriam rapidamente se dirigir para estarem comigo. Animei-os mais uma vez, lembrando-os de que Deus pelejaria por nós. Dadas todas essas instruções, a partir desse dia, todos nós trabalhamos desde o raiar do dia até ao sair das estrelas.

Permita-me compartilhar com você outra decisão que tomei para reforçar a segurança. Eu disse ao povo para ninguém sair de Jerusalém. Aqueles que moravam fora da cidade precisavam ficar em Jerusalém, e o guarda-costas de cada um deveria reforçar a guarda de noite e ainda ajudar na obra durante o dia. Eu, meus irmãos, meus moços e os homens da guarda que me seguiam não largávamos as nossas vestes nem nossas armas. Cada um de nós se deitava com as armas à sua direita. O preço de nossa liberdade era a nossa vigilância constante.

Quando pensei que os nossos maiores problemas haviam sido sanados, recebo uma avalanche de reclamações vindas do nosso próprio povo. Foi grande o clamor do povo e de suas mulheres contra os judeus, seus irmãos. Havia gente trabalhando comigo na restauração do muro que tinha se aproveitado da miséria do povo para ganhar mais dinheiro. Por exemplo, havia muitos que não tinham mais o que comer em casa. A despensa estava vazia e não havia nenhum dinheiro para comprar mais alimento. Estavam trabalhando com fome. Havia outros que me disseram que haviam hipotecado suas terras, vinhas e até a própria casa onde moravam para comprar trigo naquele tempo de fome. Outros, ainda, me disseram que precisaram tomar dinheiro emprestado para o tributo do rei que incidia sobre suas terras e vinhas e não tendo como pagar, precisaram entregar seus filhos e filhas para serem escravos dos nobres e magistrados. Eles não tinham a mínima capacidade de reverter essa situação. Esses pais aflitos estavam trabalhando na reconstrução dos muros ao lado daqueles que já haviam tomado suas filhas como escravas. Seus filhos eram todos da mesma raça, do mesmo sangue, da mesma carne dos filhos daqueles que os oprimiam. Os filhos dos opressores não eram melhores do que os filhos dos oprimidos.

Quando escutei o clamor desses pais aflitos, fiquei muito aborrecido. O sangue ferveu em minhas veias, mas não perdi o controle emocional. Eu me pus a meditar e a buscar uma estratégia para resolver o problema. Então, tomei a decisão de repreender os nobres e os magistrados, olhando nos olhos deles. Chamei-os de usurários. Disse-lhes que estavam oprimindo os seus próprios irmãos. Convoquei contra eles um grande ajuntamento e lhes disse que nós havíamos resgatado os judeus que foram vendidos aos gentios, com nossos próprios recursos, mas, agora, eles estavam se aproveitando da miséria de seus irmãos para comprá-los como escravos. Isso era intolerável, um verdadeiro escândalo.

Os nobres e os magistrados calaram-se e não tiveram argumentos para me responder. Eu continuei no meu discurso inflamado e disse-lhes que a atitude usurária deles não era boa, pois demonstrava falta de temor a Deus e de amor ao próximo. Eu testemunhei diante de todos naquele ajuntamento que eu e os meus moços havíamos emprestado dinheiro e trigo; mas havíamos perdoado a dívida ao ver a pobreza daqueles que tomaram emprestado.

Eu pedi, veementemente, aos nobres e magistrados para restituírem aos seus irmãos as suas terras, as suas vinhas, os seus olivais, as suas casas e todos os juros cobrados. Para meu alívio, eles me responderam que restituiriam tudo e nada lhes pediria. Eu não podia deixar passar esse momento sem fazer um registro da decisão. Então, chamei os sacerdotes e os fiz jurar que fariam segundo prometeram e assim foi feito. Eu, ainda, exortei-os, pedindo a Deus para sacudir de sua casa e de seu trabalho a todo homem que não cumprisse essa promessa. A congregação toda respondeu com um sonoro AMÉM e passaram a louvar ao Senhor. O clamor dolorido do povo transformou-se em louvor efusivo ao Senhor.

Aproveitei o momento para dar meu testemunho pessoal ao povo reunido. Disse-lhes que nos doze anos que fui nomeado governador de Jerusalém, ou seja, do vigésimo ao trigésimo segundo ano do reinado de Artaxerxes, nem eu nem meus irmãos comemos o pão devido ao governador, como fizeram os governadores anteriores. Esses oprimiram o povo e tomaram do povo pão e vinho, cobrando, ainda, pesados tributos. Os governadores anteriores abriram a guarda para seus subalternos, nos escalões inferiores, também, enfiarem a mão para saquear o povo já oprimido. Eu deixei claro, porém, que minha atitude de integridade na governança foi regida pelo meu temor a Deus e pelo meu amor ao povo. Eu não exerci o poder para me locupletar. Eu não aproveitei a crise para me enriquecer. Aliás, eu abri minha mesa para alimentar muita gente, às minhas custas, sem exigir o pão devido ao governador, pois sabia quão grande era a servidão do povo. Eu disse ao povo, reunido naquela assembleia solene, que minha recompensa não estava na Terra, mas no céu; não procedia dos homens, mas de Deus.

Não pense você que os inimigos à volta de Jerusalém desistiram. Eles voltaram, com novas estratégias. Ao ouvirem que eu tinha edificado o muro, e que já não havia brecha nenhuma na muralha ao redor da cidade e só faltava, agora, colocar as portas, mandaram-me um convite para eu ir encontrar-me com eles nas aldeias, no vale de Ono. É claro que por trás desse convite estava a intenção deles de me fazer mal. Já que não puderam paralisar a obra fazendo abusados ataques, agora queriam conversar comigo.

O convite deles era uma arapuca. Quando o inimigo se finge de amigo, ele se torna mais perigoso. Eu enviei mensageiros a eles dizendo que estava fazendo uma grande obra e não podia descer. Eu não podia gastar meu tempo nem paralisar a obra para conversar com os inimigos. Não podia perder o foco. Mas, eles insistiram e insistiram com o convite. Chegaram a me enviar o convite quatro vezes, mas eu lhes dei sempre a mesma resposta. A insistência do inimigo é uma artimanha sutil e mui perigosa. Queriam me ganhar no cansaço. Há um ditado popular que diz: "Água mole em pedra dura, tanto bate até que fura". Mas, eu estava atento!

Diante da minha negação para assentar-me com eles, Sambalate mandou-me o seu moço pela quinta vez, trazendo em sua mão uma carta aberta, dizendo que já circulava entre os povos que eu e os judeus intentávamos uma revolta e uma rebelião e que minha intenção era ser o rei dos judeus. A carta dizia ainda que eu havia contratado profetas para falarem a meu respeito em Jerusalém, dizendo que eu era o rei de Judá. Então, o mensageiro de Sambalate me fez saber a ameaça: O rei Artaxerxes ouvirá isso. Vem, pois, agora, e consultemos juntamente.

Eu não me intimidei com mais essa artimanha maligna. Respondi firmemente que nenhuma dessas acusações era verdade e que essa carta aberta era fruto da imaginação perversa de Sambalate. Eu tinha plena certeza de que a intenção de nossos inimigos era uma só: que nós largássemos a obra e não restaurássemos os muros e as portas da cidade de Jerusalém. Em vez de ficar abalado com a carta aberta de Sambalate, eu orei ao Senhor e pedi para ele fortalecer ainda mais as minhas mãos.

Preciso alertar-lhe que o inimigo tem um arsenal variado. Ele tem muitos estratagemas. Quando os nossos inimigos perceberam que não era possível me corromper com a administração pública nem com a liderança da reforma da cidade, se infiltram e cooptaram um profeta chamado Semaías. Quando fui visitá-lo, ele me disse em tom grave e com senso de urgência, como se estivesse me protegendo de uma emboscada de morte: "Vamos juntamente à Casa de Deus, ao meio do templo, porque virão matar-te; aliás, de noite virão matar-te". Agora a artimanha tinha ares espirituais. Um sacerdote nosso estava trabalhando a favor do inimigo. Eu não era sacerdote. Eu não podia entrar no meio do templo. Isso era prerrogativa da classe sacerdotal. Se eu atendesse a esse apelo, perderia minha credibilidade. Eu seria acusado pelo meu próprio povo de um pecado grave. Estaria com minha reputação arruinada.

Eu percebi que Semaías tinha sido comprado pelos inimigos e não estava interessado em me salvar de uma emboscada, mas querendo me destruir. Então, lhe respondi: "Homem como eu fugiria? E quem há, como eu, que entre no templo para que viva? De maneira nenhuma entrarei". Eu tive pleno discernimento de que não era Deus quem enviara Semaías. A profecia de Semaías era contra mim e não a meu favor. Na verdade, ele fora subornado por Tobias e Sambalate. A intenção dos inimigos era me atemorizar, a fim de que entrasse no templo e pecasse contra a lei de Deus. Assim teriam motivo de me infamarem e vituperarem. Os inimigos foram tão audaciosos que subornaram não só Semaías, mas também a profetisa Noadia e outros profetas, que tentaram me atemorizar. O que eu fiz? Eu orei a Deus para lembrar-se de meus inimigos e dos profetas que eles corromperam.

Deus seja louvado, apesar dos inimigos externos e dos conflitos internos, os muros e as portas, que já estavam derrubados há mais de um século, foram levantados e acabados em cinquenta e dois dias. Agora, os nossos inimigos é que ficaram mui atemorizados. O conceito deles caiu no descrédito, porque reconheceram que esta grande obra foi feita por intervenção de nosso Deus.

Não sou tão inocente a ponto de pensar que os problemas estavam terminados. Logo depois que a obra foi concluída, alguns dos nobres de Judá escreveram muitas cartas, que iam para Tobias, e cartas de Tobias vinham para eles. Tobias era genro de Secanias e seu filho Joanã havia se casado com a filha de Mesulão, filho de Berequias. Esses nobres ainda tinham a desfaçatez de falarem na minha presença acerca das boas ações de Tobias e eles me sabotavam, levando as minhas palavras a Tobias. Esse inimigo implacável que tinha se infiltrado na nobreza de Jerusalém tinha ainda a petulância de escrever cartas para me atemorizar. Apesar dessas decepções, eu continuei firme no meu propósito de restaurar a cidade não apenas fisicamente, mas também, espiritualmente.

O próximo passo que dei foi repovoar a cidade que estivera vazia por tantos anos e retomar os serviços sagrados do templo. Chego até a pensar que a reconstrução física da cidade foi mais fácil do que sua restauração espiritual.

Por bondade de Deus, no sétimo mês, todo o povo se ajuntou na Porta das Águas e pediu a Esdras para trazer o livro da lei de Moisés. Esdras, num púlpito de madeira, leu a lei do Senhor diante da multidão que ouvia atentamente a leitura e a explicação da Palavra de Deus. O povo chorava num misto de emoção e arrependimento. Nós dissemos ao povo que era hora de comer, beber, repartir porções a quem precisava e alegrar-se pela compreensão da Palavra de Deus.

Os cabeças das famílias de todo o povo, bem como os sacerdotes e os levitas estavam desejosos de atentarem mais à Palavra de Deus. Eles acharam escrito na lei sobre a festa dos Tabernáculos e então, todo o povo durante sete dias, habitou em cabanas e celebrou a festa com grande devoção e entusiasmo. Nossa nação estava se voltando para Deus de uma forma linda. Houve confissão de pecado, choro pelo pecado e disposição para abandonar o pecado. Reconhecemos que a situação de escravidão e opressão que havíamos vivido era resultado de nossas transgressões. Então, estabelecemos uma aliança fiel com o Senhor e registramos isso por escrito, e os nossos líderes políticos e religiosos selaram a aliança. Comprometemo-nos com Deus de não transigirmos com a pureza da nossa fé através de casamentos mistos. Comprometemo-nos a guardar o dia do Senhor e, ainda, a observar o ano do Jubileu.

Comprometemo-nos, por fim, a restabelecer a prática dos dízimos e a oferecer, a cada ano, uma terça parte de um siclo para o serviço da casa do nosso Deus.

A festa da dedicação dos muros foi uma cerimônia magnífica. Fizemos a dedicação com grande alegria, louvores, cânticos, címbalos, alaúdes e harpas. Formei dois grandes coros em procissão e exaltamos a Deus, porque a cidade que passara cento e quarenta e dois debaixo de escombros, ressurgia das cinzas para ser um diadema de glória na mão do Senhor. Eu, Neemias, sou grato a Deus pela maneira tão poderosa e sábia como ele me usou nessa restauração!

VÁ DIRETO À FONTE

Neemias 1—13

8 EU SOU MARIA

Eu sou Maria, mãe de Jesus, o Salvador do mundo. O nome de meu pai e de minha mãe não são mencionados na Bíblia nem mesmo o nome de meus irmãos. Eu nasci e cresci na pequena cidade de Nazaré, da Galileia. Minha nação já vivia há muitos anos sob o domínio de potências estrangeiras. Nos meus dias, governava a nossa terra o poderoso Império Romano. Éramos súditos, mesmo morando em nossa própria terra. Tínhamos que pagar pesados tributos. Não havia muita esperança de dias melhores para o nosso povo.

É bem verdade que, como o povo da aliança, nutríamos a esperança da chegada do Messias. Ele traria salvação em suas asas e libertação espiritual aos que viviam na pior de todas as escravidões, a escravidão do pecado. Nós éramos alimentados pela promessa da vinda do Salvador. Eu nasci num lar piedoso que me ensinou a viver com os olhos no futuro. Meus pais me ensinaram a Palavra de Deus desde a minha infância. Eu cresci bebendo o leite da piedade.

A minha pequena cidade era cercada de povos gentios. Muitas crendices floresciam em nossa terra. Havia uma má fama que circulava entre as pessoas acerca de Nazaré. Elas comentavam que coisa nenhuma boa poderia proceder de Nazaré. Parecia até mesmo que estávamos destinados a viver debaixo desse espectro de desesperança.

Eu, mesmo muito jovem, estava de casamento tratado com José, da família de Davi. Ele era o carpinteiro de Nazaré. José era um homem justo. Ele me amava e me respeitava muito. Meus pais me prometeram a ele e o nosso noivado foi selado diante de várias testemunhas. Enquanto aguardávamos o tempo oportuno para consumarmos o nosso casamento, um fato extraordinário aconteceu que mudou minha história.

Certo dia, enquanto estava só em minha casa, o anjo Gabriel me foi enviado da parte de Deus. Quando eu o vi fiquei alarmada. Nunca tinha visto um anjo e, também, nunca estivera com alguém que tivera tão sublime visão. Ele me saudou e disse que era para eu me alegrar. Disse, ainda, que eu era muito favorecida e que o Senhor era comigo.

Quando ouvi essas palavras, fiquei muito perturbada e pensei no significado dessa saudação angelical. Então, o anjo Gabriel me chamou pelo nome e me disse para não ficar com medo, porque eu havia achado graça diante de Deus. Sem que eu tivesse fôlego para respirar, o anjo me disse que eu conceberia e daria à luz um filho, a quem deveria dar o nome de Jesus. E me disse mais. Disse-me que ele seria grande e seria chamado Filho do Altíssimo. A mensagem angelical não parou aí. Disse-me ainda que Deus, o Senhor, lhe daria o trono de Davi, seu pai, e ele reinaria para sempre sobre a casa de Jacó e o seu reinado não teria fim.

Essas informações me impactaram profundamente. Eu sabia que a descrição desse filho prometido só encaixaria na pessoa do Messias prometido. Eu perguntei ao anjo Gabriel como isso poderia suceder, uma vez que eu não tinha relação com homem algum. Então, ele me respondeu que desceria sobre mim o Espírito Santo, e o poder do Altíssimo me envolveria com a sua sombra. Como resultado, o ente santo que haveria de nascer seria chamado Filho de Deus.

A fim de me dar garantias do que estava falando comigo, o anjo me informou que Isabel, minha prima, igualmente havia concebido um filho na velhice, mesmo sendo estéril e já estava com seis meses de gravidez. O anjo ainda me garantiu que, para Deus, jamais haveria impossíveis em todas as suas promessas.

Diante da grandeza daquela revelação angelical, eu me curvei ao propósito de Deus e disse ao anjo: "Aqui está a serva do Senhor; que se cumpra em mim conforme a tua palavra". Depois da minha resposta, o anjo se ausentou de mim.

Eu estava tão eufórica, que me dispus, apressadamente, a fazer uma longa viagem até a região montanhosa de Judá, onde morava Isabel, minha prima. Eu precisava me encontrar com ela e conversar sobre a nossa experiência. Eu queria saber detalhes de como havia sido a sua gravidez miraculosa. Parecia até que o anjo havia chegado tarde demais na casa de Isabel e cedo demais na minha casa. Ela era velha demais para conceber; eu nova demais para dar à luz.

Foram alguns dias de viagem. Eu não disse nada a ninguém acerca da visita do anjo. Guardei essa experiência comigo. Quando cheguei à casa de Zacarias, saudei Isabel. Ao ouvir minha saudação, o bebê de Isabel estremeceu no seu ventre e Isabel ficou possuída pelo Espírito Santo e exclamou em alta voz: "Bendita és tu entre as mulheres, e bendito o fruto do teu ventre. E de onde me provém que me venha visitar a mãe do meu Senhor?". Isabel foi logo dizendo que logo que escutou minha saudação, a criança estremeceu de alegria dentro dela. E ela me chamou de bem-aventurada por ter crido nas palavras trazidas da parte do Senhor e me garantiu que essas palavras seriam cumpridas.

A minha reação natural foi exaltar ao meu Senhor, com um cântico. Estava transbordando de alegria. Não podia represar toda aquela alegria indizível dentro de mim. Precisava extravasar e contar para o mundo inteiro o que Deus estava fazendo em mim e por mim. A minha alma engrandeceu ao Senhor e o meu espírito se alegrou em Deus, o meu Salvador. O Senhor não buscou uma mulher da realeza para ser a mãe do Salvador, mas contemplou-me, na minha humildade, como sua serva. Eu sabia que dali para frente, todas as gerações haveriam me considerar uma mulher bem-aventurada. Não por mérito meu, mas porque o Todo-poderoso me fez grande coisas. Não porque sou uma mulher imaculada. Só o nome do Senhor é santo. Sua misericórdia vai de geração em geração, sobre aqueles que o temem. Deus agiu com o seu braço valorosamente. Ele virou a mesa da história. Fez cair os que estavam no topo da pirâmide e fez ascender os que estavam na sua base. Ele dispersou os que alimentavam pensamentos soberbos, derribou do seu trono os poderosos e exaltou os humildes. Deus não só virou a mesa política e social das nações, mas provocou uma verdadeira revolução econômica: Ele encheu de bens os famintos e despediu vazios os ricos. Mesmo estando o nosso povo de Israel oprimido, ele não se esqueceu de nós, pois amparou a Israel, o seu servo, a fim de lembrar-se da sua misericórdia a favor de Abraão e de sua descendência, para sempre. Ah, como Deus é fiel! Suas palavras não mudam, suas promessas não falham.

Fiquei com Isabel os últimos três meses de sua gravidez e então retornei para Nazaré. Eu já estava grávida de três meses. Minha volta não foi nada fácil. José estava muito abalado com minha ausência e com meu silêncio por tanto tempo. As pessoas começaram a comentar na cidade sobre minha inusitada viagem. Quando cheguei, os sinais da minha gravidez já eram notórios. Os comentários maldosos começaram a surgir. José, por ser justo, preferiu fugir secretamente a ter que me acusar de infidelidade. Como poderia aparecer grávida, sendo que ele, meu noivo, ainda não tinha tido qualquer relacionamento íntimo comigo. Nosso casamento ainda não havia sido consumado.

Os sonhos de José viraram pesadelo. Ele estava sendo assolado por um terremoto emocional. Para ele sair ileso da situação, precisava me acusar. Se ele me acusasse, eu poderia ser condenada. A situação era muito difícil. A aparição do anjo não foi pública. Só eu o vi e escutei a mensagem. Eu sabia de todos os riscos que estava correndo quando disse: "Aqui está a serva do Senhor; que se cumpra em mim conforme a tua palavra". Precisei pagar um alto preço e o primeiro deles foi a possibilidade de meu noivo me abandonar e eu me tornar uma mulher falada na minha cidade.

Quando José estava na rota da fuga, vivendo esse turbilhão emocional, um anjo do Senhor apareceu a ele, em sonho, e ordenou-lhe que não ficasse com medo de me receber como mulher, porque o que em mim havia sido gerado era obra do Espírito Santo. O anjo disse ainda a José que eu daria à luz um filho e ele deveria dar ao menino o nome de Jesus, porque ele salvaria o nosso povo de seus pecados. O que estava acontecendo comigo não era uma tragédia, mas o cumprimento do que o Senhor havia dito por intermédio do profeta Isaías, que a virgem conceberia e daria à luz um filho, e ele seria chamado pelo nome de Emanuel, que significa "Deus conosco". O bebê que estava no meu ventre não era fruto de pecado, mas a resposta para o pecado da humanidade. Não era ação de infidelidade, mas de submissão ao plano de Deus. A minha gravidez não seria uma vergonha para mim entre as mulheres, mas por meio dela eu seria considerada bem-aventurada entre as mulheres.

José, logo após despertar-se de seu sono, prontamente obedeceu à ordem angelical e me recebeu como sua mulher. Nós nos casamos, porém, não tivemos relação íntima enquanto eu não dei à luz a Jesus, o meu primogênito.

Quando eu estava no final da minha gravidez um fato aconteceu. O imperador César Augusto tomou a decisão da fazer um recenseamento no Império Romano e baixou um decreto convocando toda a população para recensear-se. Todos deviam alistar-se, cada um à sua própria cidade. Eu compreendi que Deus estava movendo o Império Romano para que sua palavra fosse cumprida. Jesus, para cumprir a profecia de Miqueias, deveria nascer em Belém da Judeia e não em Nazaré da Galileia. Como José era da casa e da família de Davi, nós viajamos de Nazaré para Belém da Judeia. José resolveu me levar com ele, porque os comentários maldosos acerca de minha gravidez misteriosa nunca cessaram. José queria me tirar daquele ambiente ácido. A viagem de Nazaré a Belém foi uma longa jornada de mais de cem quilômetros. Precisamos descer das alturas de Nazaré, margear o mar da Galileia e descer o vale do Jordão, o lugar mais baixo do planeta Terra, para depois subir os altos montes do deserto da Judeia até chegar na cidade de Davi, nas proximidades de Jerusalém. José foi muito paciente comigo, cuidando de mim, o tempo todo, nessa árdua jornada.

Surpreendentemente, quando chegamos a Belém, a cidade estava apinhada de gente, vindo de todos os cantos para o recenseamento. Não encontramos sequer uma pousada. Os alojamentos estavam todos lotados. Nem mesmo José implorando para uma vaga, em virtude de minha gravidez, ninguém abriu suas portas para nos acolher. Não havia lugar para nós nas hospedarias. O jeito, então, foi buscar abrigo num campo de pastores, onde eles guardavam suas ovelhas durante as vigílias da noite. Vale destacar que os pastores não desfrutavam de boa reputação naquele tempo. Mas foi entre eles que encontramos acolhida. Enquanto estávamos numa dessas grutas naturais, nos montes descampados de Belém, aconteceu completarem-se os dias para eu dar à luz e ali perto dos rebanhos dos pastores é que dei à luz a meu filho primogênito, o unigênito Filho de Deus.

O meu bebê nasceu! Que emoção! Minha alegria não cabia em meu peito. O Filho de Deus não nasceu num palácio, sob os holofotes da fama, mas nasceu numa gruta de pastores. Não nasceu num berço de ouro, mas eu o enfaixei em panos e o coloquei numa manjedoura, um coxo de animais. Ali, deitado naquela estrebaria, estava o Filho do Altíssimo, o Rei dos reis e o Senhor dos senhores.

Eu tive o privilégio de ser agraciada por Deus e de amamentar o Criador do universo, o Rei da glória, o Filho de Deus. Eu tive a bênção de ninar em meus braços o Salvador do mundo, o Messias prometido. Eu dei à luz àquele que é o meu próprio Senhor, o Salvador do mundo. Ele é a alegria dos homens, o pão da vida, a luz do mundo, a porta da salvação, o bom pastor, a ressurreição e a vida, o Caminho, e a Verdade, e a Vida, a Videira verdadeira. Como eu poderia compreender que entre tantas mulheres ricas, cultas, notáveis, Deus havia me escolhido para ser a mãe do Salvador? Eu sou de uma família desconhecida. Nasci numa pequena e mal falada cidade. Eu sou uma jovem pobre, noiva de um homem pobre. Ah, a graça de Deus me surpreendeu!

Logo que Jesus nasceu, um anjo de Deus foi anunciar a boa-nova aos pastores que, naquela mesma região, estavam nos campos guardando o seu rebanho durante as vigílias da noite. Um anjo do Senhor desceu até onde eles estavam e a glória do Senhor brilhou ao redor deles, a ponto de ficarem tomados de grande medo. Mas, o anjo disse a eles para não temerem, pois estava lhes trazendo uma boa-nova de grande alegria, e que seria uma alegria para todo o povo. Disse-lhes que acabava de nascer, em Belém, na cidade de Davi, o Salvador, que é Cristo, o Senhor. O anjo ainda lhes deu uma senha para encontrarem a criança: ela estava envolta em faixas e deitada numa manjedoura.

De repente, apareceu com o anjo, uma multidão da milícia celestial. Os céus se cobriram, literalmente, de anjos e eles louvaram a Deus com efusiva alegria, dizendo: "Glória a Deus nas maiores alturas, e paz na terra entre os homens, a quem ele quer bem". Logo que os anjos se ausentaram para o céu, os pastores disseram uns aos outros: "Vamos até Belém e vejamos os acontecimentos que o Senhor nos deu a conhecer". Eles correram e vieram, apressadamente, e me acharam com José e a criança deitada na manjedoura. Os pastores ao verem Jesus, saíram dali e divulgaram o que lhes tinha sido dito a respeito do menino. Eles não guardaram para si as boas-novas destinadas a todo o povo. A salvação de Deus havia chegado. Jesus é o Salvador, o Messias e o Senhor. Todas as pessoas que ouviram o testemunho dos pastores ficaram admiradas. Eu, porém, guardava essas coisas, meditando-as em meu coração. Os pastores voltaram glorificando a Deus por tudo o que tinham ouvido e visto, como lhes fora anunciado.

Quando Jesus completou oito dias de nascido, ele foi circuncidado e deram-lhe o nome de Jesus, como o anjo havia me dito antes mesmo dele ser concebido, bem como dito a José, quando eu estava com três meses de gravidez.

Passados os dias da nossa purificação, segundo a lei de Moisés, José e eu levamos Jesus a Jerusalém para o apresentarmos ao Senhor. Estávamos cumprindo um preceito das Escrituras: "Todo primogênito será consagrado ao Senhor". José e eu éramos muito pobres. Não tínhamos sequer dinheiro para comprar um cordeiro para o sacrifício. Então oferecemos a oferta mais barata: um par de rolas e dois pombinhos.

Quando chegamos no templo, lá estava um senhor bem velho, chamado Simeão, um homem justo e piedoso, que esperava a consolação de Israel. O Espírito Santo estava com esse homem, pois lhe havia revelado que ele não passaria pela morte antes de ver o Cristo do Senhor. Ele, movido pelo Espírito Santo, foi ao templo e quando trouxemos Jesus para fazermos com ele o que a lei ordenava, Simeão tomou Jesus do meu colo em seus próprios braços e louvou a Deus dizendo que agora podia morrer em paz, segundo a palavra que o Espírito lhe havia revelado, porque seus olhos já tinham visto a salvação divina, que o Senhor havia preparado diante de todos os povos. A salvação trazida por Jesus seria luz para revelação aos gentios e a glória do nosso povo de Israel.

Quando ouvimos essa oração de Simeão, José e eu ficamos ainda mais admirados. Simeão nos abençoou e disse a mim que meu filho estava destinado tanto para a ruína como para levantamento de muitos em Israel e seria alvo de contradição. Disse-me ainda que a espada traspassaria a minha própria alma para a manifestação dos pensamentos de muitos corações. Simeão estava me dizendo que o meu filho morreria e eu sofreria ao ver seu sofrimento atroz e vicário. Tudo isso, como um turbilhão, povoava a minha mente e agitava o meu coração.

Havia ali no templo, também, uma profetisa, já muito idosa e viúva, chamada Ana. Ela orava de dia e de noite, com jejuns. Quando ela chegou e nos viu, dava graças a Deus e falava a respeito de Jesus a todos os que esperavam a redenção de Jerusalém. Estava convencida de que meu filho não era apenas uma criança como as outras, mas o próprio Messias prometido.

José e eu resolvemos não voltar imediatamente para Nazaré, mas permanecemos em Belém mais uns dois anos. Nesse tempo, uns magos vieram do Oriente, porque viram a estrela de Jesus lá em sua terra e sem tardança rumaram para Jerusalém, porque sabiam que ali estava a Palavra de Deus. Então, ao chegarem em Jerusalém, perguntaram onde estava o menino que havia nascido para ser o rei dos judeus.

Nesse tempo, o rei Herodes, conhecido como Herodes, o Grande, governava em Israel. Ele era um grande empreendedor. Foi ele quem ampliou e embelezou o templo de Jerusalém. Foi ele quem construiu o porto de Cesareia e a fortaleza de Massada. As grandes obras que havia em Israel eram fruto de sua administração. Mas ao mesmo tempo, ele era um homem muito temido por suas crueldades. Suas atrocidades eram proverbiais. Seu apego ao trono fez dele um facínora.

Tinha praticado muitas atrocidades, a ponto de matar o cunhado, a sogra, a esposa e os filhos, além dos nobres de Jerusalém e vários membros do sinédrio. Quando Herodes soube que um menino havia nascido para ser rei dos judeus ficou alarmado. A cidade de Jerusalém, com medo das atrocidades de Herodes, também, ficou muito alarmada.

O ímpio e tirano rei Herodes convocou todos os principais sacerdotes e os escribas do povo, indagando deles onde o Cristo deveria nascer. Eles, conhecedores das profecias, disseram que seria em Belém da Judeia, pois assim o profeta Miqueias havia profetizado. Então, o rei chamou os magos secretamente e inquiriu deles com precisão acerca do tempo em que a estrela lhes havia aparecido no Oriente. Enviou-os a Belém, com a incumbência de se informarem cuidadosamente a respeito do menino e depois de terem obtido essas informações, avisá-lo, pois também pretendia ir adorá-lo.

Que nada, era tudo uma emboscada para matar meu filho. Os magos partiram depois de terem ouvido o rei. A mesma estrela que eles haviam visto no Oriente os precedeu até Belém. Quando chegaram na cidade de Davi, a casa do pão, onde estávamos, a estrela parou sobre a casa. Eles ficaram tomados de grande alegria. Então, entraram na casa. Ao verem o menino comigo se prostraram e o adoraram. Em seguida, abriram seus tesouros, entregaram-lhe suas ofertas: ouro, incenso e mirra. Esses presentes eram um reconhecimento de que Jesus, de fato, era o Rei dos reis, o sumo sacerdote que morreria pelos pecados do povo.

Sendo advertidos pelo próprio Deus, os magos não voltaram a Jerusalém, como pretendia, astuciosamente, o rei Herodes, mas pegaram um outro caminho e voltaram para sua terra. Quando Herodes soube que havia sido enganado pelos magos ficou muito furioso e mandou matar todas as crianças de Belém e arredores de dois anos para baixo. Certamente ele imaginou que meu filho não escaparia desse massacre. Mas, logo que os magos partiram, um anjo do Senhor apareceu a José, em sonho, e deu ordens a ele para fugir com o menino e comigo para o Egito e permanecer lá até que fosse avisado, pois Herodes intencionava matar o menino.

José não hesitou em obedecer prontamente à orientação do anjo. Partimos naquela mesma noite para o Egito. Atravessamos o deserto da Judeia, cruzamos a península do Sinai, caminhamos pelo deserto do Saara até chegar ao Egito, a terra das milenares pirâmides, onde nosso povo fora escravo há mil e quinhentos anos. Agora, o Egito seria o lugar de nosso asilo e proteção da sanha assassina de Herodes. Essa fuga nossa para o Egito, com o menino, aconteceu para cumprir a Escritura, que diz: "Do Egito chamei o meu filho".

Um anjo do Senhor apareceu novamente a José, em sonho, dando ordens a ele para tomar o menino e a mim e retornar do Egito para a terra de Israel, pois Herodes e todos os que atentavam contra a vida do menino já estavam mortos. José dispôs-se imediatamente e obedeceu à ordem angelical. Ao voltarmos, ficamos sabendo que Arquelau, filho de Herodes, estava reinando na Judeia, em lugar de seu pai. Nós sabíamos que esse homem era tão perverso quanto o seu pai. Então, ficamos com medo de residir na Judeia e, por divina advertência, José foi prevenido em sonho a retirar-se para as regiões da Galileia. Tomamos, então, a decisão de retornarmos e habitarmos em Nazaré, a nossa cidade natal. É claro que tudo isso aconteceu para se cumprir as profecias de que Jesus deveria ser chamado de Nazareno. Eu estava cada dia mais convencida de que a mão onipotente de Deus governava a história. Preciso compartilhar com você que em Nazaré eu tive outros filhos. José e eu demos a eles os nomes de Tiago, José, Judas e Simão. Além desses filhos eu tive também filhas.

Em Nazaré, Jesus, meu primogênito, cresceu e se fortaleceu, enchendo-se de sabedoria; e a graça de

Deus estava sobre ele. Ele tornou-se o carpinteiro da cidade, seguindo o ofício de José, meu marido.

Permita-me contar um fato a você que me marcou muito. Nós íamos anualmente a Jerusalém para a Festa da Páscoa. Muitas caravanas se formavam para subirem à cidade de Davi. Nós íamos cantando os salmos de romagem pela estrada. Nessa época, Jesus estava com doze anos. No final da festa, nós regressamos com as caravanas para casa e depois de um dia de jornada, nos demos conta de que Jesus não estava conosco. Procuramo-lo entre nossos parentes e conhecidos, mas nada. Voltamos do meio do caminho, aflitos, para Jerusalém. Nós o procuramos por toda parte e nada. Meu coração estava muito perturbado e aflito. Três dias depois, o achamos no templo, assentado no meio dos doutores, ouvindo-os e interrogando-os. Os doutores e os demais ouvintes estavam admirados da sua inteligência e de suas respostas. Quando o vimos, ficamos aliviados e eu disse a ele: "Meu filho, por que você fez isso conosco? José e eu estávamos aflitos à sua procura". A resposta de Jesus me deixou mais pensativa ainda. Ele me respondeu: "Por que vocês estavam me procurando? Vocês não sabiam que me cumpria estar na casa de meu Pai?". Confesso que José e eu não compreendemos plenamente as suas palavras. Mas Jesus desceu conosco para Nazaré, sendo submisso a nós.

Eu, porém, guardava todas essas coisas no meu coração. Jesus crescia em sabedoria, estatura e graça, diante de Deus e dos homens.

Quando Jesus fez trinta anos, ele deu início ao seu ministério. Ele foi ao rio Jordão para ser batizado por João Batista, o filho da minha prima Isabel. Ali, enquanto ele orava, o céu se abriu, o Espírito Santo desceu sobre ele e o Pai falou desde o céu, dando testemunho a seu respeito: "Este é o meu Filho amado, em quem me comprazo". Depois, Jesus saiu do Jordão e foi ao deserto, conduzido pelo Espírito e cheio do Espírito, para ser tentado pelo diabo. Jesus saiu das águas do batismo para o fogo da tentação, do sorriso do Pai para a carranca do diabo. Jesus, porém, cheio do Espírito e firmado na Palavra venceu o diabo em todas as suas investidas.

Ainda cheio do Espírito ele voltou à sinagoga de Nazaré, tomou o rolo do livro do profeta Isaías e proclamou a si mesmo como Messias, ao dizer que o Espírito de Deus estava sobre ele e o havia ungido para pregar, para curar e para libertar. Não deu outra, ele foi expulso de Nazaré. Então, ele foi morar em Cafarnaum, às margens do mar da Galileia. Ali ele escolheu doze discípulos, a quem deu o nome de apóstolos, e realizou um ministério de três anos, andando por toda a parte, libertando os oprimidos do diabo. Os cegos viram, os mudos falaram, os surdos ouviram, os coxos andaram, os leprosos foram purificados, os endemoninhados foram libertos e os mortos ressuscitaram.

Permita-me contar a você um outro episódio marcante. Eu fui convidada para participar de uma festa de casamento em Caná da Galileia, uma cidade pequena entre Nazaré e Cafarnaum. Jesus e seus discípulos também foram convidados. No meio da festa, eu percebi que a provisão de vinho estava acabando e isso traria muito constrangimento e até vergonha aos anfitriões. Sem falar nada para a família, eu fui a Jesus e disse a ele que o vinho já havia acabado. Ele ainda não tinha feito nenhum milagre, mas eu sabia que ele poderia resolver aquele problema. Ele me disse: "Mulher que tenho eu contigo, ainda não é chegada a minha hora". Naquele momento, eu tive plena compreensão de que Jesus não agia segundo as pressões deste mundo, mas conforme a agenda do céu. Então, eu disse aos serventes para fazerem tudo o que Jesus dissesse a eles.

No tempo próprio, Jesus mandou os serventes encherem de água as seis talhas de purificação que estavam na casa e levar ao mestre-sala. Cada talha tinha capacidade para cem litros. Tendo os serventes obedecido a Jesus, e tendo o mestre-sala provado a água, já não era mais água, mas vinho e vinho da melhor qualidade. Este foi o primeiro milagre operado por

Jesus: transformou água em vinho em uma festa de casamento.

Deixo registrado aqui que minha última palavra registrada na Bíblia foi esta: "Fazei tudo o que ele [Jesus] vos disser". Muitas pessoas colocaram-me numa posição que eu não busquei nem jamais aceitaria. Chamam-me imaculada, mediadora, corredentora e rainha do céu. Mas, eu sou apenas uma serva do Senhor, a quem Deus escolheu para trazer ao mundo o Messias, o Filho do Altíssimo. Ele é o imaculado, o único Mediador, o único Salvador, o soberano Rei dos reis e Senhor dos senhores.

Antes de encerrar meu testemunho, permita-me falar sobre dois episódios marcantes. O primeiro deles foi quando Jesus foi crucificado. A minha alma estava de fato traspassada por uma espada, como dissera Simeão. Mesmo depois de: ser preso, espancado, cuspido e esbordoado na cabeça, no sinédrio judaico; de ser torturado, por ordem de Pilatos, sofrendo golpes brutais; de carregar uma cruz pesada pelas ruas de Jerusalém; de ser crucificado entre dois ladrões e sofrer, atrozmente, dores, câimbras e sede, Jesus se preocupou comigo e disse a João, seu discípulo amado, para cuidar de mim. Até aquele momento, meus filhos não acreditavam em Jesus como o Messias. Só depois que ele ressurgiu dos mortos é que eles passaram a crer nele. Preciso destacar ainda que, a essas alturas, José já havia falecido. João, o discípulo amado, obedeceu à ordem de Jesus e eu encerrei minha jornada indo morar com ele na cidade de Éfeso, na Ásia Menor.

O segundo episódio que quero lhe contar é que Jesus, ao morrer na cruz e ser sepultado, ressuscitou ao terceiro dia e apareceu às mulheres da Galileia, a seus discípulos, a Tiago, meu filho e, também, a muitas outras pessoas. Depois de quarenta dias que esteve entre nós, pregando sobre o Reino de Deus, no monte das Oliveiras, ele subiu ao céu entre nuvens, deixando-nos a grande comissão e a promessa de que voltaria pessoalmente. Ele nos disse que toda a autoridade havia sido dada a ele tanto no céu como na Terra. Depois nos ordenou a fazer discípulos de todas as nações, batizando-os em nome do Pai, do Filho e do Espírito Santo, e ensinando-os a guardar todas as coisas que ele havia ordenado. E prometeu estar conosco todos os dias até a consumação dos séculos. Sua ordem a nós foi expressa: "Permanecei na cidade até que do alto sejais revestidos de poder".

Imediatamente, os apóstolos, as mulheres da Galileia, meus filhos, eu e muitos outros irmãos, ao todo cento e vinte pessoas, reunimo-nos no cenáculo, no monte Sião, e perseveramos unânimes em oração, até que, dez dias depois, às nove horas da manhã, o

Espírito Santo foi derramado sobre nós, cumprindo a promessa do Pai e ficamos cheios do Espírito Santo. Começava um novo tempo em nossa história e na história das nações. A partir desse dia, a igreja foi revestida de poder para viver e para pregar o evangelho, com grande autoridade. O resultado é que dia a dia o Senhor ia acrescentando à igreja os que iam sendo salvos. Ah, como sou grata ao meu Deus pelo privilégio de ter sido escolhida para ser a mãe do Salvador! Como sou grata pelo privilégio de fazer parte da Igreja, a verdadeira família de Deus! Como sou grata por ser um exemplo para as futuras gerações, de uma mulher que foi escolhida pela graça e se submeteu ao soberano propósito divino! Como sou grata por compartilhar com você meu testemunho, como uma mulher bem-aventurada entre tantas outras mulheres!

VÁ DIRETO À FONTE

Mateus 1:16,18-24; 2; 12:46

Lucas 1:26—2:52

João 2:1-12

Atos 1:14

9 EU SOU TIMÓTEO

Eu sou Timóteo. Nasci em Listra, importante cidade da província da Galácia do Sul. Nesse tempo, o Império Romano dominava o mundo. Meu pai era grego e minha mãe, judia. Cresci num lar piedoso, pois minha avó Loide era uma mulher muito consagrada ao Senhor e ela exerceu forte influência sobre minha mãe Eunice. Elas criaram-me com todo zelo nos preceitos do judaísmo. Pelo fato do meu pai ser grego, eu não fui circuncidado ao oitavo dia, como era costume do meu povo. Porém, a fé sem fingimento que habitou primeiramente em minha avó, e, também, em minha mãe, habitava também em mim. Eu aprendi as sagradas letras desde minha mais tenra idade. Cresci bebendo o leite da piedade. A Palavra de Deus era tida em alta conta na minha casa.

A cidade onde fui criado tinha uma sinagoga e todos os sábados nós nos reuníamos ali para estudarmos a lei do Senhor. Ouvíamos os ensinamentos com muito prazer e aguardávamos, com vívido entusiasmo, a promessa do Messias.

Permita-me contar a você como o evangelho chegou à minha província e à cidade onde nasci. Preciso confessar que esse fato mudou a minha vida e determinou o meu futuro. Os dias que vivi com minha família, de forma pacata, foram totalmente mudados. A passagem dos missionários Paulo e Barnabé por Listra mudou por completo a minha história. Como você verá, no relato que farei, minha vida está profundamente entrelaçada com a vida do apóstolo Paulo. Tornei-me seu filho na fé e o seu mais próximo colaborador.

Os dois missionários tinham vindo de Antioquia da Síria, a capital da Síria e terceira maior cidade do mundo. Eles haviam sido separados pelo Espírito Santo e comissionados pela igreja. Eles subiram as montanhas do Cáucaso e chegaram à província da Galácia do Sul. Já haviam passado por Antioquia da Pisídia e Icônio quando chegaram à Listra. Soube que por lá havia acontecido coisas extraordinárias, embora Paulo tenha chegado nessa região enfermo. Em Antioquia da Pisídia, Paulo expôs as Escrituras e anunciou a remissão de pecados por meio de Jesus. Disse que, por meio dele, todo o que crê é justificado, coisa essa impossível pela lei de Moisés. Houve um profundo interesse dos que estavam presentes na Sinagoga de ouvirem novamente os missionários. Muitos dos judeus e prosélitos ali presentes seguiram Paulo e Barnabé e foram persuadidos a perseverarem na graça de Deus.

Houve um grande despertamento na cidade, a ponto de no sábado seguinte, afluir quase toda a cidade para ouvir a Palavra de Deus. Certamente, esse entusiasmo geral da população para ouvir os missionários gerou uma grande inveja nos judeus, que passaram a blasfemar e a contradizer o que Paulo falava. Em vez dos missionários se intimidarem, Paulo e Barnabé deixaram de pregar para os judeus, uma vez que se julgavam indignos da vida eterna e se voltaram para os gentios. Soube até que Deus mesmo, ao chamar Paulo para ser um apóstolo, determinou o seu ministério. Ele foi constituído para ser luz dos gentios e levar a salvação até aos confins da terra. Os gentios ao ouvirem esse testemunho de Paulo se regozijaram e glorificaram a Palavra do Senhor e creram todos os que haviam sido destinados para a vida eterna. O resultado foi tão estrondoso que a Palavra do Senhor foi divulgada por toda aquela região.

A reação dos judeus foi imediata e avassaladora. Eles instigaram as mulheres piedosas de alta posição e os principais da cidade e levantaram forte perseguição contra Paulo e Barnabé, o que culminou na expulsão deles da cidade. Os missionários sacudiram contra aqueles que os perseguiam o pó dos pés e partiram para a cidade de Icônio, mas os discípulos que ficaram em Antioquia transbordavam de alegria e do Espírito Santo.

A obra missionária estava indo de vento em popa. Quando os missionários Paulo e Barnabé chegaram a Icônio, foram logo para a Sinagoga judaica e falaram ali com tanta graça e poder que grande multidão, tanto de judeus como de gregos, veio a crer. Porém, a hostilidade aos pregadores foi, de igual modo, imediata. Os judeus incrédulos incitaram e irritaram os ânimos dos gentios contra os irmãos, mas estes não se deixaram abalar. Mantiveram-se firmes e continuaram falando ousadamente no Senhor. O resultado extraordinário foi que o Senhor confirmava a palavra da sua graça, realizando por intermédio dos missionários sinais e prodígios. A cidade ficou dividida. Enquanto uns apoiavam os apóstolos, outros tomaram o partido dos judeus. O conflito não ficou apenas no meio do povo, mas envolveu também as autoridades da cidade. A intenção era ultrajar e apedrejar Paulo e Barnabé. Os missionários não tiveram alternativa, senão saírem de Icônio e virem para minha cidade, a cidade de Listra. Eles estenderam sua jornada também para Icônio. Essas cidades pertenciam à região de Licaônia. Na minha cidade e por toda circunvizinhança, eles anunciaram o evangelho.

Eu fiquei muito feliz em saber que aqueles que estavam revolucionando, com a pregação do evangelho, a província da Galácia, tinham chegado em minha cidade. Meu coração estava ansioso para ouvir as boas-novas. Quando chegaram à Listra, um grande milagre aconteceu. Na minha cidade havia um aleijado, paralítico de nascença, conhecido de todos. Quando ele ouviu Paulo falando, este fixou nele o olhar, e vendo Paulo que o aleijado tinha fé para ser curado, disse-lhe em alta voz: "Apruma-te direito sobre os pés!". Todos, atônitos, com a respiração suspensa, cravaram os olhos no homem que nunca pudera andar. O paralítico saltou e andava na presença de todos. Foi um milagre público, notório e inquestionável.

Quando as multidões viram o milagre operado pelas mãos de Paulo, gritaram na língua nativa: "Os deuses, em forma de homens, baixaram até nós". Chamaram Barnabé, de Júpiter, e Paulo, de Mercúrio, porque Paulo era o pregador, o portador da palavra. Foi um reboliço na cidade. O sacerdote de Júpiter, cujo templo ficava em frente da cidade, chegou a trazer para junto das portas touros e grinaldas. Ele queria sacrificar juntamente com as multidões extasiadas. Mas, quando os apóstolos Barnabé e Paulo ouviram isso, rasgaram suas vestes e saltaram para o meio da multidão, chamando: "Senhores, por que fazeis isto? Nós também somos homens como vós, sujeitos aos mesmos sentimentos, e vos anunciamos o evangelho para que destas coisas vãs vos convertais ao Deus vivo, que fez o céu, a terra, o mar e tudo que há neles". Os missionários disseram às multidões que, no passado, Deus permitira que todos os povos andassem nos seus próprios caminhos, mas nunca deixou de dar testemunho de si mesmo, fazendo o bem, dando a todos a chuva do céu e as estações frutíferas, enchendo o coração dos homens de fartura e alegria. Mesmo diante desse testemunho, foi com muita dificuldade que as multidões foram impedidas de oferecer sacrifícios a eles.

Não tardou para o que o alvoroço da admiração se transformasse num alvoroço de ódio. Os judeus de Antioquia da Pisídia e Icônio vieram a Listra e instigaram as multidões contra os missionários. Apedrejaram Paulo e o arrastaram para fora da cidade, deixando-o lá, pensando que estivesse morto. Vieram, entretanto, os discípulos e rodearam Paulo. Milagrosamente este se levantou e entrou na cidade. No dia seguinte, os missionários partiram para Derbe. Ali anunciaram o evangelho e fizeram muitos discípulos. Longe de terem ficado intimidados pelas perseguições, Paulo e Barnabé voltaram para minha cidade, a cidade de

Listra, e passaram ainda por Icônio e Antioquia, fortalecendo a alma dos discípulos e exortando-os a permanecerem firmes na fé. Paulo deixou claro para todos que é através de muitas tribulações que nos importa entrar no Reino de Deus. Antes dos missionários partirem de volta para a igreja de Antioquia da Síria, a igreja que os enviara, promoveram em cada igreja a eleição de presbíteros.

Eu soube que, quando Paulo e Barnabé retornaram à igreja de Antioquia e testemunharam o que Deus fizera por intermédio deles e como Deus abrira a porta da fé para os gentios, alguns membros da seita dos fariseus ficaram revoltados e desceram de Jerusalém e falaram aos irmãos que se eles não fossem circuncidados segundo o costume de Moisés, eles não poderiam ser salvos. Essa celeuma causou grande alvoroço na igreja. Os missionários não poderiam continuar suas viagens sem antes resolver esses conflitos. Então, um concílio foi convocado para reunir-se em Jerusalém. Os apóstolos e os presbíteros se reuniram para tratar do assunto e tomar uma decisão que pudesse pacificar a igreja. É digno de nota que, quando a teologia é ruim, quanto mais se prega pior fica. Então, antes de prosseguir na obra missionária era preciso dar um rumo doutrinário seguro à igreja. O assunto foi discutido, resolvido, escrito e enviado às igrejas. A sábia decisão rejeitou a influência legalista dos fariseus, deixando claro que a salvação é pela graça do Senhor Jesus. A decisão foi de não perturbar aqueles que, dentre os gentios, se convertiam a Deus.

Judas Barsabás e Silas, notáveis homens de Deus, foram enviados de Jerusalém com Barnabé e Paulo aos irmãos de entre os gentios em Antioquia, Síria e Cilícia. Ali, eles reuniram a comunidade e entregaram a epístola enviada pelos apóstolos e presbíteros. A leitura da carta trouxe grande consolo aos crentes gentios. Judas e Silas, que eram profetas, consolaram os irmãos com muitos conselhos e os fortaleceram na fé. Depois de cumprida a missão, Judas voltou para Jerusalém, mas Silas permaneceu ainda em Antioquia, onde Paulo e Barnabé pregavam a muitos a Palavra do Senhor.

Eu soube, também, que antes de Paulo voltar à minha cidade e região, houve um grande embate entre ele e Barnabé. Este queria trazer Marcos, seu primo, e Paulo não achou justo levar o jovem que os havia abandonado na primeira viagem missionária. A desavença entre eles foi tal que deixaram de trabalhar juntos. Barnabé levou Marcos para Chipre, Paulo escolheu Silas, profeta da igreja de Jerusalém, e rumou para sua segunda viagem missionária, passando pela Síria e Cilícia, confirmando as igrejas.

Surpreendentemente e para minha alegria, Paulo retornou a Derbe e chegou à Listra, minha cidade. Nesse tempo, eu já era um discípulo. Minha mãe também era uma mulher crente, embora meu pai sendo grego, ainda não havia se declarado cristão. Minha vida foi impactada e transformada desde que os missionários chegaram à minha cidade. Eu me considero um filho espiritual de Paulo. Sendo criado na fé judaica e tendo aprendido, desde a minha infância, as sagradas letras, tive meus olhos espirituais abertos logo que ouvi o evangelho. Meu bom testemunho era conhecido não somente em minha cidade, mas também em Icônio.

Quando Paulo tomou conhecimento de minha conversão e do meu exemplar procedimento na minha cidade e, também, na região, não titubeou. Convidou-me para deixar tudo e ir com ele, por suas andanças mundo afora. Embora fosse jovem, tímido e doente, eu não hesitei. Atendi ao chamado, abracei o desafio e aceitei o papel de cooperador do veterano apóstolo. Paulo, muito sabiamente, resolveu me circuncidar, por razões culturais. Porque meu pai era grego, eu não tinha sido ainda circuncidado, como ordenava a lei de Moisés. Na medida que nós íamos passando pelas cidades, nós entregávamos aos irmãos as decisões tomadas pelos apóstolos e presbíteros, para que as observassem.

Coisas maravilhosas estavam acontecendo. As igrejas eram fortalecidas na fé e, dia a dia, aumentavam em número.

Paulo queria muito pregar na Ásia. Na verdade, ele tentava ir para Bitínia, mas o Espírito de Jesus o impediu. Então, estávamos em Trôade, quando, à noite, Paulo teve uma visão de um varão macedônio que lhe rogava para passar à Macedônia e ajudá-los. Paulo não hesitou. Entrou na Macedônia. A primeira cidade em que permanecemos foi Filipos, uma colônia romana. Ali Deus salvou a comerciante asiática Lídia e sua casa. Nessa cidade, Deus usou Paulo para libertar uma jovem cativa de espíritos adivinhadores. Também nessa cidade Paulo e Silas foram presos, açoitados publicamente e lançados no cárcere interior de uma prisão romana. Porém, um milagre maravilhoso aconteceu. À noite, Paulo e Silas oravam e cantavam e um terremoto abalou a prisão. As portas se abriram, as cadeias se soltaram e o carcereiro ao ver essa cena ia suicidar-se, quando Paulo bradou a ele para não fazer nenhum mal a si mesmo, pois todos estavam ali. Esse terremoto abalou não só a prisão, mas também o coração endurecido do carcereiro. Ele e toda a sua casa foram convertidos e batizados por Paulo naquela mesma noite.

Dali saímos para Tessalônica, a capital da província da Macedônia. Nessa cidade, Paulo pregou três sábados seguidos. Uma multidão de gregos piedosos e muitas distintas mulheres foram salvos. Mas, os judeus movidos de inveja, arregimentaram alguns homens da malandragem e alvoroçaram a cidade, dizendo que nós estávamos transtornando o mundo, procedendo contra os decretos de César, afirmando ser Jesus outro rei. Tanto a multidão como as autoridades ficaram muito agitadas quando ouviram essas palavras.

Durante a noite, os irmãos enviaram Paulo e Silas para Bereia. Ali muitos creram no Senhor Jesus. Mulheres gregas de alta posição e não poucos homens foram salvos para formarem uma igreja zelosa da Palavra. Quando os judeus de Tessalônica ficaram sabendo que a Palavra de Deus era anunciada em Bereia foram para lá excitar e perturbar o povo. Imediatamente, os irmãos tiraram Paulo da cidade e o levaram até Atenas, porém Silas e eu permanecemos em Bereia até podermos partir para encontrar Paulo na cidade dos grandes filósofos gregos.

De Atenas, Paulo partiu para Corinto, capital da Acaia, onde Silas e eu o encontramos. Quando chegamos, Paulo se entregou totalmente à Palavra, testemunhando para os judeus que o Cristo é Jesus. Tendo os judeus resistido e rejeitado sua mensagem, Paulo voltou seu ministério para os gentios. Ficamos em Corinto dezoito meses, e então Paulo partiu para Éfeso, capital da Ásia Menor, onde ficou três anos, e de onde plantou igrejas direta ou indiretamente em toda província: Esmirna, Pérgamo, Tiatira, Sardes, Filadélfia, Laodiceia, Colossos e Hierápolis.

Paulo cogitou enviar-me de Éfeso a Corinto. O clima não era favorável naquela comunidade cristã. Havia divisões internas na igreja e os falsos apóstolos, acolhidos pela igreja, estavam atacando o ministério de Paulo. Em face desse clima pesado, Paulo orientou a igreja a me receber com amor, a fim de que eu não tivesse nenhum medo entre eles. A ordem paulina era para a igreja não me desprezar e me encaminhar de volta a ele em paz. Paulo me defendeu dizendo que eu trabalhava na obra do Senhor da mesma forma que ele trabalhava.

Quando Paulo partiu de Éfeso rumo a Jerusalém, passou três meses na Grécia. Mas ali houve uma conspiração contra ele por parte dos judeus, quando estava para embarcar para a Síria. Então Paulo determinou voltar para a Ásia pela Macedônia. Sótrapo, Aristarco, Secundo, Gaio, Tíquico, Trófimo e eu o acompanhamos.

Tendo Paulo concluído o seu ministério na Ásia, tomou a decisão de ir a Jerusalém para levar uma oferta destinada aos pobres da Judeia, recolhida nas igrejas gentílicas. Quando chegou a Cesareia foi alertado pelo profeta Ágabo de que seria preso em Jerusalém.

Os discípulos tentaram demover o velho apóstolo a subir a Jerusalém, mas Paulo disse que estava pronto não só a ser preso, mas também a morrer por Jesus em Jerusalém. Ele foi, entregou as ofertas e, de fato, foi preso. Queriam matá-lo, mas, por providência divina, o plano foi descoberto e ele foi transferido para Cesareia, onde ficou dois anos sendo acusado pelos judeus sob a égide dos governadores Félix e Festo. Quando viu que o sinédrio judaico, com intenções de matá-lo, estava cooptando o governador para entregá-lo, apelou, como cidadão romano que era, para ser julgado diante de César em Roma.

Na viagem para Roma, Paulo enfrentou em terrível naufrágio e depois foi até picado por uma cobra na ilha de Malta. O velho apóstolo chegou a Roma preso e algemado. Em Roma, ele esteve preso durante dois anos, sendo acusado pelos judeus. Dessa prisão, ele escreveu várias cartas como Efésios, Filipenses, Colossenses e Filemom. Na sua carta aos Filipenses, Paulo falou a meu respeito, tecendo honrosos elogios à minha pessoa e ao meu ministério.

Reconheço que eu não fui um líder forte em todas as áreas. Na verdade, como já disse, eu era jovem, tímido e doente, mas apesar das minhas limitações fui um fiel colaborador de Paulo e continuador de sua obra. Tive o privilégio de receber duas cartas dele, cartas essas que compõem o cânon das Escrituras. Paulo conheceu minha avó Loide e minha mãe Eunice. Ele conhecia quão comprometidas elas eram com Deus e como elas me ensinaram a Palavra de Deus desde a minha infância. Tive a bênção de ter uma fé singela e sem fingimento e desfrutar de bom testemunho em minha cidade e fora do meu domicílio.

Sou grato pelo testemunho que Paulo deu a meu respeito quando escreveu, de sua primeira prisão em Roma, sua carta aos filipenses. Ele disse que sou um homem que cuida dos interesses do povo. Eu sempre fui um líder servo. Sempre cuidei dos interesses do povo mais do que dos meus próprios interesses. A motivação do meu coração nunca foi fazer do meu ministério uma plataforma para auferir vantagens pessoais. Eu nunca usei as pessoas. Minha relação com o povo de Deus nunca foi utilitarista. Paulo chegou a dizer a meu respeito: "Porque a ninguém tenho de igual sentimento, que sinceramente cuide dos vossos interesses". Meu propósito sempre foi imitar a Cristo, pois sendo o maior de todos os líderes, não veio para ser servido, mas para servir. Sempre entendi que ser líder é exercer influência por meio de um serviço abnegado.

Paulo também disse à igreja de Filipos que eu era um homem de caráter provado. Isso, porque minha vida sempre foi centrada em Cristo. Desde cedo fui um homem comprometido com as Escrituras. Sempre labutei para ser fiel a Cristo e ser dedicado à igreja. Nunca busquei glória para mim mesmo. Nunca construí monumentos ao meu próprio nome. Sempre busquei os interesses de Cristo e de sua igreja. Infelizmente, havia homens na igreja que buscavam seus próprios interesses. Paulo chegou a escrever: "Pois todos eles buscam o que é seu próprio, não o que é de Cristo Jesus".

Paulo afirmou, ainda, que eu sou um homem de caráter provado. Sempre demonstrei zelo pela doutrina e pela minha vida. Busquei sempre conjugar doutrina e vida, credo e conduta. Falando a meu respeito, Paulo chegou a escrever para os filipenses, dizendo: "E conheceis o seu caráter provado". Louvado seja Deus, eu sempre tive bom testemunho pelos de dentro da igreja e bem como pelos de fora da igreja. Sempre acreditei que a vida do líder é a vida de sua liderança.

Eu fui um colaborador de Paulo consagrado à causa do evangelho. Nunca fui subserviente a homens. Eu servia ao evangelho. Paulo deu testemunho a meu respeito: "Pois serviu ao evangelho, junto comigo, como filho ao pai". Eu sempre fui um servo de Deus, dedicado ao serviço do evangelho.

Quando Paulo saiu da sua primeira prisão, ele não encerrou seu ministério. Partiu para a quarta viagem missionária. Ele me deixou em Éfeso, deixou Tito em

Creta e acho que chegou a ir à Espanha como era seu desejo. Nesse período, tive o privilégio de receber uma carta pastoral enviada por ele, dando-me conselhos a respeito da maneira como eu deveria proceder na igreja de Deus, coluna e baluarte da verdade.

O meu pai na fé me orientou a combater o bom combate, mantendo fé e boa consciência, uma vez que alguns, por rejeitarem a boa consciência, haviam naufragado na fé. O interesse de Paulo era que eu fosse um bom ministro de Cristo Jesus, alimentado com as palavras da fé e da boa doutrina. Ele foi categórico em me dizer que eu deveria rejeitar as fábulas profanas, mas deveria ser zeloso no exercício da piedade, sendo padrão dos fiéis, na palavra, no procedimento, no amor, na fé e na pureza.

Paulo me aconselhou a ser um estudioso aplicado e não ser negligente com o dom que Deus me deu. Ao contrário, deveria ser diligente a ponto de todos serem testemunhas do meu progresso. O conselho do meu pai na fé é que à frente da grande igreja de Éfeso eu deveria ter cuidado de mim mesmo e da doutrina. Paulo chegou até mesmo a me dar orientações específicas a respeito das qualificações daqueles que haveriam de ser escolhidos como presbíteros e diáconos da igreja. Ensinou-me, também, como eu deveria tratar as pessoas mais velhas, mais novas e as pessoas de minha idade.

Nessa primeira carta, Paulo me alertou, ainda, acerca do contentamento com a piedade e a fugir dos laços da ganância, pois o amor do dinheiro é raiz de todos os males. Também me deu ordens para exortar os ricos a não confiarem na instabilidade das riquezas, mas a serem generosos em dar e repartir. O último conselho que Paulo me deu foi fugir dos falatórios inúteis e profanos, bem como das discussões que nada aproveitam. Ah, como sou grato a Paulo por essas sábias orientações pastorais!

Enquanto Paulo continuava sua obra mundo afora e eu cuidava da igreja de Éfeso, um fato muito triste aconteceu. No dia 17 de julho do ano 64, a capital do Império, a cidade de Roma, com mais de um milhão de habitantes, foi criminosamente incendiada. Roma era conhecida como a cidade eterna, a mais poderosa e populosa cidade do mundo. O incêndio durou sete noites e seis dias. O incêndio devastou a cidade de 17 a 24 de julho. Quando o incêndio acabou, a cidade estava destruída. Dos quatorze bairros da Roma, dez haviam sido dizimados pelas chamas. Os quatro bairros menos atingidos, densamente povoados por judeus e cristãos, deram a Nero, o imperador e verdadeiro incendiário, um álibi para colocar a culpa do incêndio nos cristãos. A perseguição aos cristãos foi crudelíssima. Faltou madeira para fazer cruz, tamanha a quantidade de crentes crucificados. Quando não tinha mais madeira, os crentes eram amarrados nos postes, cobertos de piche e queimados vivos para iluminar as noites de Roma.

Nessas alturas Paulo era o grande líder do cristianismo no ocidente e ele começou a ser procurado, até que botaram a mão nele e o prenderam. Jogaram-no na masmorra Mamertina, em Roma. Essa era uma prisão imunda, úmida, escura, insalubre, de onde as pessoas saíam leprosas ou para o martírio. Foi dessa prisão que Paulo me escreveu sua última carta, antes de ser martirizado. Nessa carta, ele chegou até a me chamar de "filho amado". Falou de como ele se lembrava de mim nas suas orações, noite e dia e, também, mencionou suas lembranças das minhas lágrimas e de seu forte desejo de me ver, o que segundo ele, traria alegria ao seu coração.

Os tempos eram muito difíceis. A perseguição aos cristãos era medonha. Os crentes estavam sendo crucificados, queimados vivos e mortos com crueldade. Paulo estava encerrado numa prisão imunda, algemado, sendo acusado de ser um malfeitor e um criminoso. Os irmãos da minha igreja e das outras igrejas da Ásia já haviam abandonado Paulo. Até eu, confesso, fiquei com medo de demonstrar minha proximidade com ele, no que fui firmemente admoestado. Quando marcaram sua primeira defesa, ninguém foi a seu favor e Paulo foi sentenciado à pena de morte. Era muito sofrimento e dor. Mas, mesmo nessa conjuntura tão amarga, Paulo me deu quatro conselhos: eu deveria guardar o bom depósito, para que a Palavra de Deus não fosse diluída com falsas doutrinas; deveria estar pronto a sofrer pelo evangelho, como um bom soldado de Cristo; em face das novidades do mercado da fé que estavam surgindo, eu deveria permanecer no evangelho; e, finalmente, Paulo me deu ordem expressa para pregar a Palavra.

Paulo encerrou sua última carta, escrita a mim, contando que mesmo no corredor da morte, nos portais do martírio, não estava inseguro. Pelo contrário, com relação ao passado, havia combatido o bom combate, completado a carreira e guardado a fé. Com respeito ao presente, estava sendo oferecido como libação ao Senhor. Ele sabia que a morte para ele era uma mudança de endereço. Estava de malas prontas para ir para a casa do Pai. Com respeito ao futuro, não estava caminhando para o lugar de sua execução, mas subindo ao pódio para receber, do reto juiz, a coroa da justiça.

Paulo falou, também, de suas frustrações com algumas pessoas no final de sua vida: Demas o abandonou e Alexandre, o latoeiro, o traiu. No inverno rigoroso que assolava a cidade de Roma, não tinha sequer sua capa surrada para aquecer seu corpo. Na audiência de sua defesa, ninguém foi a seu favor. Mas, mesmo nessa circunstância dolorosa, o Senhor o assistiu e o revestiu de forças, e ele cumpriu cabalmente o seu ministério, pregando o evangelho aos gentios. Ele foi libertado da boca do leão e levado ao reino celestial. Paulo fechou as cortinas da vida dando a Jesus toda a glória. Ah, não posso me esquecer. Antes de terminar sua carta, ele fez um apelo veemente: Queria me ver antes de morrer. Queria que eu fosse ter com ele depressa, antes do inverno. E foi exatamente o que fiz!

Eu estou certo de que para Paulo sua vida foi Cristo e sua morte foi lucro. Deus sepulta os seus obreiros, mas sua obra continua. E aqui estou eu, para continuar a obra até o dia de Deus me chamar. Eu sou Timóteo!

VÁ DIRETO À FONTE

Atos 16:1; 17:14; 18:5; 19:22; 20:4

Romanos 16:21

1Coríntios 4:17; 16:10

2Coríntios 1:1, 19

1Tessalonicenses 3:2,3

1Timóteo

2Timóteo

10 EU SOU JUDAS ISCARIOTES

Eu sou Judas Iscariotes, filho de Simão Iscariotes. Sou conhecido como aquele que traiu Jesus. Minha vida é um mosaico de luz e trevas, oportunidades e perigos, privilégios e tragédias.

Eu sou o único apóstolo de Jesus que nasceu na Judeia. A palavra "Iscariotes" não tem a ver com meu sobrenome, mas com minha procedência geográfica. Nasci nas regiões montanhosas da Judeia. O lugar do meu nascimento me dava uma espécie de vantagem sobre os demais apóstolos, pois na Judeia os galileus eram tidos como gente de segunda classe. Eles não eram tidos em alta conta. Nunca é demais enfatizar que todos os outros apóstolos de Jesus eram galileus. Nesse quesito eu estava em vantagem em relação a eles!

Quando meus pais me deram o nome de "Judas" estavam demonstrando sua lealdade a Deus. Meu nome significa "louvor". Tem o mesmo significado do nome "Judá", a tribo que Deus escolheu para governar

Israel e a tribo de onde procederia o Messias. Cresci, portanto, nessa família que mantinha a tradição do povo de Deus e nutria a esperança do Messias.

Eu tive o honroso privilégio de não apenas crescer num lar assaz religioso, mas também de ser escolhido por Jesus para ser um apóstolo. Essa escolha foi muito criteriosa, pois Jesus só nos escolheu como apóstolos depois de ter passado uma noite inteira em oração por esta causa, submetendo-se à vontade do Pai. Preciso admitir que muitos outros discípulos de Jesus não tiveram esse sublime privilégio que eu tive.

Eu tive, também, a honra de ocupar dentro do grupo dos apóstolos um cargo de confiança. Eu era o tesoureiro do grupo. Cabia a mim a responsabilidade de receber as ofertas, administrar os recursos e fazer os pagamentos e ainda ajudar os pobres. Todos os meus pares confiavam em mim. Minha integridade estava acima de qualquer suspeita.

Durante três anos eu andei com Jesus. Ouvi seus ensinamentos e vi seus portentosos milagres. Eu ouvi o que poucos homens tiveram o privilégio de ouvir. Jesus ensinava com autoridade. Ele é a própria Verdade. Havia virtude em suas palavras. Através de seu poder, cegos viram, surdos ouviram, mudos falaram, coxos andaram, leprosos eram purificados e mortos ressuscitaram. Por onde Jesus passava os desesperados eram consolados e os pecadores recebiam perdão para seus pecados.

 Embora convivesse diariamente com Jesus, meu coração não era dele. Eu nunca fui um homem convertido. Conseguia manter as aparências. Sabia fingir muito bem. Eu conseguia enganar todo mundo, menos a Jesus. Ele sabia quem eu era. Ele sondava os segredos do meu coração. Certa feita, Jesus chegou a dizer a nós, seus discípulos: "Não vos escolhi em um número de doze? Contudo, um de vós é diabo". Jesus via a ganância que, como erva daninha, crescia em minha alma. O amor ao dinheiro foi um mal que me consumiu. De repente, eu comecei a cobiçar o que entrava na bolsa das ofertas. Não tardou para que eu retirasse parte do que entrava na bolsa para meu enriquecimento. Passei a desviar dinheiro que deveria ser usado no sustento da obra. O amor ao dinheiro passou a me governar. Cedia a cada tentação. Eu me tornei um ladrão. É claro que eu fazia isso com o máximo de cautela. Meus condiscípulos nunca tiveram qualquer suspeita da minha conduta. Todos confiavam plenamente em mim. Eu demonstrava a todos irrestrita integridade.

 Mas, a cada dia que passava eu ficava mais constrangido com o conhecimento de Jesus. Ele era onisciente. Ele conseguia ler os meus pensamentos. Ele sabia quem eu era. O que me intrigava é por que ele não havia ainda me confrontado nem me desmascarado diante dos meus colegas? Os dias foram se passando e o meu coração foi ficando cada vez mais entorpecido pela ganância. Conseguia roubar sem ter peso na consciência. Já conseguia manter minha prática pecaminosa e fazer a obra de Deus sem qualquer conflito.

É claro que percorri cidades e aldeias com Jesus e meus condiscípulos. Vi muitas maravilhas. Vi como as pessoas encontravam em Jesus libertação, cura e perdão. Por onde Jesus passava, multidões fluíam para ouvi-lo e serem curadas e libertas. Mas, eu mesmo continuava endurecido. O mesmo sol que amolece a cera endurece o barro. Quanto mais eu era exposto às coisas sagradas, mais mundano eu me tornava. Quanto mais luz incidia sobre mim, mais cego eu ficava. Com o tempo, as coisas sagradas já não mexiam mais comigo. Meu coração foi ficando endurecido e minha consciência cauterizada.

Se não bastasse meus hábitos pecaminosos de ser um tesoureiro fraudulento e roubar o dinheiro depositado para o sustento da obra, Jesus começou a falar para nós que era necessário que ele subisse para Jerusalém para ser entregue nas mãos dos principais sacerdotes e escribas para ser crucificado. Isso me alarmava muito. Parecia que o nosso destino passaria por uma grande tragédia. Minhas aspirações de ver meu povo livre da opressão romana estava se derretendo.

É bem verdade que Jesus nos falava também que ele ressuscitaria. Mas, seguindo meu zelo nacionalista e já amando o dinheiro como o grande ídolo do meu coração, perdi por completo o encanto com as coisas espirituais. Além disso, via a crescente onda de perseguição que se levantava contra Jesus tanto por parte de Herodes Antipas como por parte das autoridades religiosas de Jerusalém. Parecia que éramos um grupo encurralado pelas autoridades políticas e eclesiásticas. O cerco estava se fechando sobre mim.

Depois de ter nos alertado algumas vezes sobre sua morte, Jesus tomou a firme resolução de subir para Jerusalém. Era a grande festa da Páscoa. Essa era a maior festa de Israel. Era a alegria dos judeus e o terror dos romanos. Nesse período, a população de Jerusalém quintuplicava. Os romanos tinham medo de rebelião. Por essa causa, todo o aparato militar de Roma que ficava em Cesareia Marítima se transferia para Jerusalém. Até mesmo Herodes, o tetrarca da Galileia, mudava sua residência oficial para Jerusalém nessa festa.

O clima estava muito pesado. As nuvens escuras da perseguição se formavam no horizonte. O cerco sobre Jesus estava se fechando. Ele, ao entrar em Jerusalém, ainda agravou a crise, virando as mesas dos cambistas no templo. Isso irritou por demais a classe sacerdotal. Dois dias antes da festa, os principais sacerdotes e os escribas tramaram sua prisão e sua morte depois da festa. A autoridade desses caciques da religião judaica estava sendo ameaçada. Jesus não se deixou perturbar. Ele mesmo disse para nós, dois dias antes da festa, que ele estava para ser entregue nas mãos dos principais sacerdotes e escribas para ser crucificado. A serenidade de Jesus me perturbava.

Jesus deixou o clima pesado de Jerusalém para atender a um convite de Simão, conhecido em Betânia, como Simão, o leproso. No mesmo dia que os líderes tramavam sua morte, essa família preparou um jantar para Jesus em Betânia. Nesse jantar eu contemplei uma cena que me irritou muito. Jesus estava reclinado à mesa e Lázaro, recém-ressuscitado, estava também conosco. Marta servia o jantar e Maria, sua irmã caçula, veio trazendo um vaso de alabastro, cheio de um perfume preciosíssimo, feito de nardo puro. Esse vaso estava cheio e continha mais de 300 gramas de perfume. O perfume caríssimo e raríssimo valia mais de trezentos denários. Não deu tempo sequer de impedir Maria. Quando vimos, ela chegou por trás de Jesus e quebrou o vaso, derramando todo o perfume sobre sua cabeça. Eu fiquei muito irado. Os meus colegas também me apoiaram. Falamos que aquilo que era um desperdício, pois esse perfume poderia ter sido vendido por mais de trezentos denários e o valor da venda dado aos pobres.

É vergonhoso dizer, mas eu encabecei esse discurso não porque estivesse interessado em ajudar os pobres. Eu queria embolsar esse dinheiro. Foi nesse jantar que minha máscara caiu. Foi nesse jantar que eu fui conhecido como ladrão. Eu fiquei tão desgostoso com o gesto de Maria, que eu saí de Betânia naquela noite e fui direto para Jerusalém com o propósito de vender Jesus por míseras trinta moedas de prata. Mas, calma, foi o registro mais tarde que disse que era eu ladrão e que a minha motivação não era filantropia, mas avareza. Os meus colegas não perceberam nada. Eles não podiam sondar as motivações do meu coração.

Quando voltamos para Jerusalém, Jesus deixou de falar para as multidões e reuniu-se conosco, em particular, no cenáculo, lugar preparado por Pedro e João. Ali Jesus falou-nos do seu amor. Falou-nos da casa do Pai, da sua segunda vinda e da promessa do outro Consolador, o Espírito Santo. Jesus falou-nos, também, que nos daria a sua paz.

Era quinta-feira à noite. A mesa estava posta. O cordeiro assado, os pães sem fermento, as ervas amargas, o vinho à mesa e, ao lado, uma bacia com água e uma toalha. Não era costume nosso sentar-se à mesa sem lavar os pés. Nesse tempo usávamos sandálias de tiras de couro. As ruas eram empoeiradas e Jerusalém estava dentro do deserto da Judeia. Lavar os pés de um hóspede, porém, era o trabalho de escravos e nós éramos muito vaidosos para fazer um trabalho tão humilhante. Nem de longe pensamos em lavar os pés uns dos outros. Então, nós nos assentamos à mesa e começamos a discutir entre nós quem era o maior no Reino de Deus. É vergonhoso admitir, mas enquanto Jesus estava mergulhado na sombra da cruz, nós estávamos disputando primazia na feira das vaidades. Mais do que isso, eu estava ali como um traidor entre os discípulos de Jesus.

Jesus nos chocou quando se levantou da mesa, pegou a bacia e a tolha e começou a lavar os nossos pés. Foi um grande constrangimento na sala. Eu fiquei perturbado. Todos nós nos entreolhávamos envergonhados. Pedro chegou até mesmo dizer que jamais permitiria que Jesus lavasse seus pés, no que foi firmemente confrontado pelo Mestre. O pior é que eu sabia que Jesus sabia quem eu era.

Contudo, mesmo com esse gesto tão carregado de amor o meu coração não se quebrantou. Então, chegou a hora culminante de Jesus celebrar a última Páscoa e inaugurar a nova aliança em seu sangue. Tomando um pão, Jesus deu graças, o partiu e o deu a nós, dizendo: "Isto é o meu corpo oferecido por vós; fazei isto em memória de mim. Semelhante, depois de cear, tomou o cálice, dizendo: Este é o cálice da nova aliança no meu sangue derramado em favor de vós".

O meu coração gelou quando Jesus, posto à mesa conosco, enquanto comíamos, com o espírito angustiado olhou para nós e declarou: "Em verdade, em verdade vos digo que um dentre vós me trairá". Isso foi como lançar uma bomba dentro do cenáculo. Se não bastasse o clima de conspiração do lado de fora, agora todos os meus condiscípulos ficaram aflitíssimos e muito contristados e passaram a perguntar um após o outro: "Porventura, sou eu, Senhor?". Os discípulos, na verdade, não tinham a mínima ideia acerca de quem trairia Jesus. Pedro até pediu a João, que estava ao lado de Jesus, para perguntar a ele quem era o traidor. O cerco se fechou contra mim, quando Jesus respondeu: "O que mete comigo a mão no prato, esse me trairá". E Jesus disse mais: "O Filho do homem vai, como está escrito a seu respeito, mas ai daquele por intermédio de quem o Filho do homem está sendo traído. Melhor lhe fora não haver nascido". Preciso dizer que Jesus foi ainda mais específico na resposta: Ele respondeu: "É aquele a quem eu der o pedaço de pão molhado". Jesus, então, tomou um pedaço de pão, molhou-o e entregou-o a mim. Nesse exato momento, Satanás entrou em mim. Jesus me encarou e me disse: "O que pretendes fazer, faze-o depressa".

A minha credibilidade entre os meus pares era tão grande, que nenhum deles percebeu com que finalidade Jesus dissera essas palavras. Chegaram até mesmo a cogitar que, como eu era o tesoureiro e detinha a bolsa dos valores, Jesus estava me ordenando a comprar o que precisávamos para a festa ou saísse para dar alguma coisa aos pobres.

A noite já havia coberto a cidade de Jerusalém de densa escuridão, quando eu peguei aquele bocado de pão, molhado de vinho, e saí imediatamente. Eu fui direto encontrar-me com os principais sacerdotes. Eu já havia recebido o dinheiro da traição. Agora precisava cumprir o meu trato, entregar Jesus. Como estava por dentro da agenda daquela noite, sabia que Jesus tão logo terminasse a ceia, iria para o jardim do Getsêmani com os discípulos, com o propósito de orar. Eu conhecia bem esse lugar. Já havia estado ali com Jesus várias vezes. Era seu lugar predileto de oração no meio daquelas velhas oliveiras. Ali havia até mesmo uma prensa de azeite.

Antes de Jesus sair do cenáculo para o Getsêmani, ele fez uma oração pelos seus discípulos e falou ao meu respeito: "Pai Santo, guarda-os em teu nome, que me deste, para que eles sejam um, assim como nós. Quando eu estava com eles, guardava-os no teu nome, que me deste, e protegi-os, e nenhum deles se perdeu, exceto o filho da perdição, para que se cumprisse as Escrituras". Ah, que tragédia foi minha queda. De apóstolo de Jesus, a filho da perdição!

Eu tinha alertado ao alto comando do Sinédrio, os principais sacerdotes, escribas e anciãos do povo que não seria fácil prender a Jesus. Era necessário um destacamento militar tanto do governador como do Sinédrio. Tinha que ser uma força-tarefa. Um esquadrão fortemente armado. De uma coisa eu tinha certeza, Jesus tinha poder para desbaratar qualquer inimigo, mesmo sem acionar uma única arma em sua defesa.

Eu combinei de ir à frente da turba armada. Eu mesmo recebi a escolta e alguns guardas dos principais sacerdotes e dos fariseus. Chegamos ao Getsêmani com uma grande turba com espadas, porretes, lanternas, tochas e armas. Jesus, naquela noite, já havia se angustiado até à morte. Ele havia orado e chorado copiosamente. Havia pedido ao Pai para afastar dele o cálice, mas de forma submissa se rendeu ao propósito eterno do Pai.

Quando chegamos, eu dei à grande turba que estava comigo uma senha: "Aquele a quem eu beijar, é esse, prendei-o e levai-o em segurança". A noite estava escura, mas eu conhecia Jesus muito bem e jamais eu o confundiria com outra pessoa. Então, logo que o vi, já o reconheci. Então, aproximando-me dele, lhe disse: "Salve, Mestre! E o beijei". A reação de Jesus foi imediata. Ele me confrontou mais uma vez, dizendo: "Amigo, para que vieste? Com um beijo trais o Filho do homem?". Estas foram as últimas palavras de Jesus dirigidas a mim. A partir desse momento eu saí de cena. Já não tinha mais nenhuma importância.

Então, tomaram-no e o prenderam. Pedro tentou reagir, cortando a orelha de um soldado romano, chamado Malco. Jesus, porém, ordenou-lhe que guardasse a espada, e ainda curou o soldado romano. Disse ainda que, se precisasse de ajuda, rogaria ao Pai e ele lhe enviaria doze legiões de anjos, setenta e dois mil anjos. Jesus foi além e dirigindo-se aos principais sacerdotes, capitães do templo e anciãos que vieram prendê-lo, disse: "Saístes com espadas e porretes como para deter um salteador? Diariamente, estando eu convosco no templo, não pusestes as mãos sobre mim. Esta, porém, é a vossa hora e o poder das trevas". E disse ainda: "Isso é para que se cumpra as Escrituras".

Naquela fatídica noite, Jesus foi levado para a casa do sumo sacerdote e ali foi esbordoado e cuspido. Ali contrataram testemunhas falsas para acusá-lo. Ali costuraram contra ele duas pesadas acusações para julgá-lo réu de morte: blasfêmia contra Deus e conspiração contra César. Eu estava atormentado pelo chicote da culpa. O remorso me consumia. Minha mente era um poço profundo de escuridão. Tinha traído meu nome, meu apostolado, meus companheiros de ministério e meu Senhor.

Quando eu soube, na sexta-feira de manhã, que Jesus tinha sido condenado pelo sinédrio, como réu de morte, e sido levado ao governador para dar a sentença, não aguentei mais. Eu saí, às pressas, e fui devolver as trinta moedas de prata aos principais sacerdotes e aos anciãos, dizendo a eles: "Pequei, traindo sangue inocente". Mas eles nem se importaram com as minhas palavras. Eu não significava mais nada para eles. Eles apenas me usaram, alimentando minha avareza para minha própria destruição. Eles bem sabiam que Jesus era inocente. Eles foram movidos por inveja e eu fui destruído pela ganância. Em face à minha confissão, os principais sacerdotes e anciãos ferroaram ainda mais a minha consciência culpada, dizendo-me: "Que nos importa? Isso é contigo". Eu estava atordoado. Meus pensamentos me atormentavam. Minha alma era um campo de batalha. Não via saída para mim. Não enxerguei uma luz no fim do túnel. Aquelas trinta moedas de ouro não significavam mais nada para mim; ao contrário, eram como combustível para inflamar ainda mais o fogo do meu tormento. Meu amor ao dinheiro levou-me à ruína e à perdição. Então, atirei para o santuário as trinta moedas de prata, me retirei dali e acabei com a minha vida, enforcando-me com uma corda.

O dinheiro que recebi para trair Jesus foi usado pelos principais sacerdotes para comprar o campo do oleiro, onde fizeram um cemitério de forasteiros e foi chamado de "campo de sangue", para cumprir o que fora dito pelo profeta Jeremias: "Tomaram as trinta moedas de prata, preço em que foi estimado aquele a quem alguns dos filhos de Israel avaliaram; e as deram pelo campo do oleiro, assim como me ordenou o Senhor".

Mais tarde, Matias foi escolhido pelos discípulos para ocupar o lugar que outrora eu havia ocupado. Nessa ocasião Pedro reafirmou que eu fui o guia daqueles que prenderam a Jesus. Minha morada ficou deserta e outro ocupou o meu lugar.

A minha história tem um desfecho muito triste. Eu traí o meu nome. Meu nome significa "louvor", mas nunca mais os pais colocaram esse nome em seus filhos. Eu traí minha vocação. Tive a honra de ser escolhido como discípulo e apóstolo de Jesus, e embora tenha ouvido e visto tantas maravilhas, desperdicei todas as oportunidades. Eu traí a minha função como tesoureiro do colegiado. O dinheiro que deveria cobrir nossas despesas e ajudar os pobres, eu desviava para proveito próprio. Eu traí meus companheiros de ministério. Andei com eles. Vi o comprometimento deles com o Senhor, enquanto eu vivia de aparências. Eu traí as futuras gerações. Meu nome é motivo de zombaria e escárnio. Em vez de bênção tornei-me uma maldição para as nações. Eu traí o meu Senhor. Ele me amou.

Escolheu-me. Deu-me o privilégio de pregar e expulsar demônios. Deu-me todas as oportunidades para eu me arrepender, mas eu cada vez mais ia me afastando do caminho da retidão. Eu traí o meu Senhor pelo motivo mais sórdido: a ganância. Eu traí Jesus apesar de ser tantas vezes alertado por Ele. Eu o traí aliando-me aos seus inimigos. Eu o traí na noite de sua agonia. Eu traí a minha própria alma.

Embora tenha reconhecido meu pecado e sentido tristeza por ele, não me voltei para o Senhor, arrependido. Por isso, tomado de remorso, tirei minha própria vida e mergulhei minha alma no abismo da perdição eterna. Minha história é uma alerta para você e para todos os que ainda têm oportunidade de se arrepender e se voltar para o Senhor. Eu sou Judas Iscariotes!

VÁ DIRETO À FONTE

Zacarias 11:12

Mateus 10:4; 26:14-16; 47-56; 27:3-5

Marcos 14:43-46

Lucas 22:1-6,21-23

João 6:70; 12:4-6; 13:18-30

Atos 1:16-18

Sua opinião é importante para nós.
Por gentileza, envie-nos seus comentários pelo e-mail:

editorial@hagnos.com.br

Visite nosso site:

www.hagnos.com.br